Hermann Schulz/Hartmut Radebold/Jürgen Reulecke
Söhne ohne Väter

Hermann Schulz/Hartmut Radebold
Jürgen Reulecke

Söhne ohne Väter

Erfahrungen der Kriegsgeneration

Ch. Links Verlag, Berlin

Dieses Buch erscheint mit freundlicher Unterstützung aus dem Zweckertrag des »Rheinischen Sparkassen- und Giroverbandes« und der »Männerarbeit im Institut für Kirche und Gesellschaft«, Iserlohn.

In memoriam Otto Schricker (1934–2003)

Die Deutsche Bibliothek verzeichnet diese Publikation
in der Deutschen Nationalbibliographie;
detaillierte bibliographische Daten sind im Internet über
http://dnb.ddb.de abrufbar.

1. Auflage, März 2004
© Christoph Links Verlag – LinksDruck GmbH
Schönhauser Allee 36, 10435 Berlin, Tel.: (030) 44 02 32-0
www.linksverlag.de; mail@linksverlag.de

Lektorat: Heike Olbrich, Andernach
Umschlaggestaltung: KahaneDesign Berlin
unter Verwendung eines Fotos von Ludwig Schirmer, Ostkreuz
Satz: Ch. Links Verlag, Berlin
Druck und Bindung: Friedrich Pustet, Regensburg

ISBN 3-86153-320-0

Inhalt

Annäherung an das Thema	7
Beschädigte Kindheiten – beschädigtes Leben *(Hermann Schulz)*	14
Lebensberichte	21
Letzte Bilder – Verlust ohne Abschied	21
Lebenslange Suche und Erinnerungen	31
Bücher und Filme als Orientierung	50
Leben mit den Müttern	55
Unsicherheiten und Auffälligkeiten	62
Unter dem Druck von Versagensängsten	69
Vorbilder und Kompensationen	71
Pflichten und Lebensplanungen	85
Frauen und Ehe	92
Die eigenen Kinder	97
Frauen und Kinder der Männer ohne Väter	102
Abwesende Väter – Fakten und Forschungsergebnisse *(Hartmut Radebold)*	115
Entwicklungspsychologische Aspekte *(Hartmut Radebold)*	120
Die Väter – lebenslange Bedeutung	120
Die Väter – mögliche Erinnerungen, vermittelte Kenntnisse	126
Die Mütter – lebenslang zu intensiv an sie gebunden?	130
Die Folgen: dauerhaft verunsichert und eingeschränkt?	136
Die Folgen: immer pflichtbewusst und kompetent?	140

Vaterlose Söhne in einer »vaterlosen Gesellschaft« 144
(Jürgen Reulecke)
Vom autoritären Vaterbild zu Diagnosen von
 der »vaterlosen Gesellschaft« 145
Vaterlosigkeit nach den beiden Weltkriegen 151

Wie werden sie altern? 160
(Hartmut Radebold)

Anhang
Anmerkungen 167
Literatur 170
Die Gesprächspartner 174
Danksagung 175
Die Autoren 176

Annäherung an das Thema

Um dem bedrohten Vaterland beizustehen, unternahm der Vater 1944 den in seinen Augen konsequenten patriotischen Schritt: Er wurde Mitglied der Waffen-SS. Soviel Begeisterung wurde mit dem aktiven Dienst im Konzentrationslager Auschwitz »belohnt«. Zum Ende lagerte man das KZ nach Neuengamme aus. Dort wurde der Vater mit vielen anderen von den Engländern verhaftet und später den polnischen Behörden übergeben. Der Musterprozess, so berichtet sein Sohn im Jahr 2003, wurde sehr korrekt geführt; der polnische Verteidiger setzte sich sogar mit der Familie im Rheinland in Verbindung.

Was der Sohn weiß, was er gehört hat, was zu vermuten ist, setzt ihn in lebenslange Verwirrung: Gibt es für ihn, so fragte er sich, angesichts der Geschehnisse in Auschwitz und anderswo noch ein Recht zum Überleben? Was hat sein Vater dort konkret getan? Wird ihn, den Sohn, jemals eine Frau als Partner akzeptieren, wenn sie vom Leben seines Vaters erfährt?

Welche Chance hat ein solcher Sohn, das Vaterleben in seiner »Entschiedenheit«, in seinen schrecklichen Widersprüchen zu interpretieren? Wie kommt er selbst darin vor? Als Mitte der fünfziger Jahre der Vater unbeirrt und unbelehrt zurückkehrt, ist das für den Sohn erst recht keine Erlösung; er ergreift aus einem unbestimmten Gefühl heraus, stellvertretend etwas gut machen zu müssen, den Pfarrerberuf.

Rainer John, ein anderer Gesprächspartner dieses Buches, wurde als Kleinkind von russischen Soldaten an der Landstraße zwischen Küstrin und Frankfurt/Oder gefunden. Sie nahmen den Jungen auf ihren Panzer und übergaben ihn, da er offensichtlich von Deutschen abstammte, einem ostpreußischen Flüchtlingswagen. In Kiel kam er in die Obhut des Roten Kreuzes, später zu verschiedenen Pflegefamilien. Nach dem erfolgreichen Studium leitete er eine Schule. Die Straße, auf der ihn die russischen Soldaten aufgelesen haben, hat er wieder gefunden, Namen und Schicksale seiner Eltern und möglicher Geschwister nicht. Die Hoffnung, während stundenlanger Wanderungen auf dieser Straße würde Erinnern einsetzen, hat sich nicht erfüllt. Nur eines glaubt John heute sicher zu wissen: »Als ich meine Familie verlor, war mein Vater schon nicht mehr dabei.« Hier, wie bei fast allen vaterlos aufgewachsenen Söhnen: tief sitzende, heimliche oder offen geäußerte Spekulationen, Hoffnungen oder trotzige Gewissheit: Er, mein Papa, hätte mich, wäre er dabei gewesen, nicht am Straßenrand allein gelassen! Mit ihm wäre alles anders geworden.

Die meisten der im ersten Teil dieses Buches veröffentlichten Schicksale lesen sich weniger dramatisch als die beiden hier vorangestellten. Für ein Kind macht es aber keinen Unterschied, ob der Vater gefallen ist für Volk und Vaterland, vermisst, verhungert, in Gefangenschaft oder irgendwo seinen Verletzungen erlegen ... Der Verlust des Vaters ist ein brutaler Einschnitt, der den Sohn, das Kind, lebenslang begleitet – und beschädigt! Das Nicht-fragen-können bleibt das Drama, die Falle für Selbstquälerei, für Selbsttäuschung, für verwirrende Phantasien. Lebensgefühl und Selbstverständnis stehen, wenn nicht heilende Kräfte helfen, für immer auf wackligem Boden und prägen das Leben der Betroffenen entscheidend.

Kernstück dieses Buches bilden die Aussagen von Männern, die zwischen 1933 und 1945 (bis auf zwei Ausnahmen aus den Jahren 1930 und 1931) geboren wurden und durch Kriegseinwirkung vaterlos aufwuchsen. Es macht Sinn, *kriegsbedingte* Vaterlosigkeit gesondert zu betrachten; sie ist nicht auf allen Ebenen vergleichbar mit anderen Trennungsumständen. Die Gesprächspartner des Buches erzählen Geschichten – von sich, von vielen Vätern, von Gefühlen und Träumen. Die Vaterbilder und Erinnerungen der zurückgelassenen Söhne unterscheiden sich; jeder Vater, jeder Sohn, jede Familienkonstellation ist anders. Das Gemeinsame aller Erfahrungen aber ist die oft nicht eingestandene lebenslange Trauer, mehr noch die meist erst spät einsetzende Wahrnehmung von Leere, von fehlendem Halt, vom Fehlen ordnender Prinzipien – und des ständigen Zwanges, diese Defizite zu überwinden.

Häufig ist der abwesende Vater allerdings so mächtig sichtbar und bestimmend wie ein anwesender; manchmal sogar noch stärker. Wie lebende Väter stiften sie Verwirrung, fordern Leistungen, werden zum Maßstab – und hinterlassen, weil es für »alle Fragen zu spät« ist (Peter Härtling), bedrückende Hilflosigkeit – aber auch couragierte (stellvertretende, zum Teil erzwungene) Entscheidungsfreude. Der verlorene Vater ist als eine *verdrängte* Realität im Innersten wirksam; eine unsichtbare Größe, ein Irrlicht, eine Fata Morgana in Uniform oder Werkskittel, Auslöser von Sehnsüchten mit allen Folgen erzwungener Vereinsamung. Er ist da, aber seine Liebe lebt nur in der heimlichen Vorstellung des Sohnes.

Was bringt es, davon zu sprechen oder zu schreiben? Jeder Schriftsteller, jeder Seelsorger, jeder Psychotherapeut weiß von der befreienden Wirkung des Wortes und der Begegnung zwischen Menschen, die ein ähnliches Schicksal haben und im Austausch miteinander die Einsamkeit überwinden. Einige der hier beteiligten Männer berichten von den schmerzhaften, aber letztlich bereichernden Versuchen, die Vaterlosigkeit endlich in Worte zu fassen. Oder Schicksalsgenossen zu begegnen. Solche Begegnungen haben auf Tagungen zum Thema stattgefunden; viele Kontakte zu Betroffenen, die an diesem Buch mitgewirkt haben, gehen auf diese Begegnungen zurück.

Es geht in diesen Texten um vorsichtige Annäherungen an die eigenen Gefühle, durch Erinnern und Erzählen. Und um Fragen, die alle angehen: In welchen Erfahrungsräumen, durch welche Kräfte erhielt der vaterlose Sohn Orientierung? Wer half ihm (stellvertretend) die notwendigen Grenzsetzungen zu erkennen, die Leere zu füllen; wer hat ihn den Ordnungssinn gelehrt, ohne den männlicher Mut zu Übermut wird? Auf diese und andere Fragen antworten vierzig betroffene Männer. Sie versuchen die vorsichtige Annäherung an Kindheitsgefühle, die Auslotung der Kräfte, die schlecht oder recht zum Überleben halfen. Sie schrieben auf der Grundlage eines Fragebogens, der von Hartmut Radebold formuliert und von Jürgen Reulecke und Hermann Schulz ergänzt wurde.

Die Autoren einigten sich auf zehn Fragenkomplexe (mit einigen weiterführenden Fragen), die mehr oder weniger wörtlich den Kapiteln des Buches vorangestellt sind. Es liegt in der Natur der Sache, dass weder die Fragen noch die Antworten in allen Fällen scharf abgegrenzt formuliert wurden. In zehn Kapiteln haben die Autoren diese Erinnerungsgeschichten geordnet – soweit Erinnerungen vorhanden sind. In allen diesen Schicksalen wurde die Familiennormalität durch den Tod des Vaters im Krieg gewaltsam beendet oder durch Kriegsgefangenschaft für lange Zeit unterbrochen. Die Beschäftigung mit den kindlichen Lebensabschnitten, oft Jahrzehnte lang verdrängt und von der Gesellschaft ausgeklammert als bedeutungslose Altlast, ist eine notwendige Auseinandersetzung mit einem Teil unserer Geschichte: mit der Zeit des Krieges und der Nachkriegszeit, mit der Persönlichkeit des Vaters, wie sie dem Sohn vermittelt wurde, wie er ihn sich wünschte, wie dieser Mann vielleicht gar nicht gewesen ist. Die Lebensstrategien, dem vaterlosen und damit amputierten Leben endlich deutlichere Konturen zu geben, und vielleicht tiefer liegende Schichten der Existenz zu erkennen, sind zahlreich.

Die Väter, von denen hier die Rede ist, wurden nicht zu solchen Vätern, denen die Söhne im Laufe des Lebens eine Absage erteilen können, an denen sie sich reiben oder denen sie begeistert folgen. Solchen Söhnen hat es das Schicksal verweigert, in der Auseinandersetzung, im Messen der Kräfte und der Charaktere, mit ihrer Persönlichkeit vor den Augen und vor der Seele solch eine Entscheidung zu treffen: Niemals will ich so werden wie er; oder: Ja, so ähnlich möchte ich werden! Oft ist von übrig gebliebenen Fotos die Rede, häufig letzte Aufnahmen in Soldatenuniform. Sie helfen zwar weiter, provozieren aber auch unausgesprochene Grübeleien und hilflose Spekulationen: Nein, so war er nicht! Er war so wie ich! So hat er nicht ausgesehen! So erkenne ich ihn nicht!

Suche auf Bildern, bis sie vor den Augen verschwimmen. Suche nach den eigenen Verankerungen in den Familiengeschichten, aus denen er sich verabschiedet hat; unausgesprochene hilflose Wut auf ihn, die Trauer überdeckend. Warum ist er nicht geblieben? Wie hätte das Leben mit ihm sein können? Dann aber auch Zweifel, ob ein Leben mit ihm wirklich besser gewesen wäre. Die Berichte enthalten ja auch Drohbilder, vermittelt von der Familie oder durch Hochrechnungen aus seinen Funktionen im Naziregime. Aber darum geht es nicht: Sicher ist, dass das Leben *anders* gewesen wäre. Auf die meisten Fragen gibt es keine schlüssigen Antworten, allenfalls mühsame Versuche, sie doch noch zu finden. Vielleicht fallen sie auch deshalb so schwer (und kommen so spät), weil diese Väter Beteiligte des von Nazi-Deutschland begonnenen Krieges waren. Kann aber ein Kind, das den Verlust tragen musste, das begreifen?

Durch den frühen Tod des Vaters und die mageren Erinnerungen bleiben nicht nur Fragen unbeantwortet, sondern sind auch Möglichkeiten grundlegender Lebenserfahrungen verbaut. Das Bewusstsein davon wird von den Familien in einem Reflex von Selbstschutz oft verweigert.

Die Gesprächspartner dieses Buches, ausnahmslos Betroffene, finden für ihr dramatisches Schicksal meist sachliche und undramatische Worte. Ihr Schicksal haben sie mit vielen ihrer Altersgruppe, der »Kriegskindergeneration« des Zweiten Weltkrieges, gemeinsam. Es ist auffallend, wie spät erst sich diese Generation als Betroffene, als Opfer des Dritten Reiches, des Krieges, der deutschen Geschichte, zu Wort meldet. Sie tut dies meist ohne spektakuläre Emotionen oder sentimentale Schwafelei. Allerdings sind Zweifel angebracht, ob die Sachlichkeit, mit der die meisten ihre Lebensgeschichten in diesem Buch zu Papier bringen (oder in Gesprächen äußerten), nicht täuscht, ob sich dahinter nicht ängstlich das streng gehütete Leid ihrer Kindheit verbirgt. Nicht überall kann es sich lautstark und deutlich zu Wort melden, manche stocken bei dem Versuch, es zu formulieren. Acht von den Angesprochenen haben schriftlich oder mündlich die Teilnahme an diesem Buch mit der Begründung abgelehnt, die Beschäftigung mit ihrer Vaterlosigkeit sei ihnen zu schmerzhaft. Der gleiche Schmerz steht unausgesprochen zwischen den sachlichen und manchmal auch leidenschaftlichen Zeilen der Lebensberichte. Das kann man kaum übersehen. Es sind halbierte Erinnerungen, halbierte Lebenskonzepte. Hinter jedem Bericht verbirgt sich ein eigenes Drama.

Die drei Autoren des vorliegenden Buches haben sich bewusst auf die »Kriegsgeneration« beschränkt, um das schwierige Thema Vaterlosigkeit einzugrenzen und damit besser erkennbar zu machen. Sie trafen diese Entscheidung mit Blick auf ihre eigenen Schicksale und die vieler Männer, die in den ersten zwei Lebensdritteln schwiegen und für deren Vaterlosigkeit sich auch niemand interessierte. Es gab noch weitere Gründe für die Beschränkung: Hier wird trotz einiger neuerer Veröffentlichungen (siehe Literaturverzeichnis) Neuland betreten; die Betroffenen sind häufig heute erst bereit und in der Lage, über ihre Befindlichkeit, ihr Schicksal zu reden oder zu schreiben. Dass die meisten Autoren dieser Lebensberichte aus akademischen Berufen kommen, ist ja nicht zufällig; sie verfügen leichter über das sprachliche und analytische Handwerkszeug, sich dem Thema zu nähern.

Die Autoren haben in den Jahren 2001 bis 2003 drei Tagungen in Iserlohn und Schwerte gemeinsam mit der »Männerarbeit im Institut für Kirche und Gesellschaft der Evangelischen Kirche von Westfalen« zum Thema Kriegskindheit und Vaterlosigkeit initiiert und durchgeführt und wissen daher von den Problemen und Auffälligkeiten, die diese Generation (und sie selbst als Betroffene) umtreibt. Frühe Verlusterfahrung des Vaters verursacht dauerhafte Verhaltensstile, die von den Betroffenen oft nicht wahrgenommen werden – wohl aber von Ehepartnern, Lebensgefährtinnen und Kindern. Einige dieser Angehörigen kommen in diesem Buch im elften Kapitel zu Wort; ihre anonym wiedergegebenen Erfahrungen von »Auffälligkeiten« zeigen, dass die Beziehungen oft extrem belastet gewesen sind durch die frühen Traumatisierungen. Für die Betroffenen ist es vielleicht manchmal bitter, diese Beobachtungen der nächsten Angehörigen zur Kenntnis nehmen zu müssen. Die Aussage von der »inneren Abwesenheit« dieser Väter und Ehemänner überwiegt in einem erschreckenden Maße. Die verblüffend häufig genannte »frühe Selbstständigkeit« der Befragten kann letztlich über die eigentlichen Probleme nicht hinwegtäuschen: die Einsamkeit, den Zweifel an eigener Liebesfähigkeit, das hilflose Retuschieren des Vaterbildes, die unablässige Suche nach der eigenen Identität.

Beansprucht hier eine scheinbar marginale Gruppe (die Statistik nennt 2,5 Millionen deutsche Kriegswaisen) sechzig Jahre nach Ende des Krieges »Opferstatus«? Darum kann es nicht gehen. Die frühen Erfahrungen entfalten ihre Wirksamkeit bis in die Gegenwart und können nicht durch Delegationsprozesse aufgehoben werden, auch wenn das Geschehen und die Folgen rational nicht leicht erfassbar sind. Deshalb ist es gut, dass in diesem Buch *erzählt* wird; nur so wird die Vielschichtigkeit deutlicher, nur so kann Erleben fruchtbar vermittelt werden. Im Kapitel »Lebenslange Suche und Erinnerungen« finden sich zwei Texte (von Otto Schricker und Lutz Niethammer), die weiter ausgreifen und in Gestalt von Geschichten Vergangenheit und Gegenwart lebendig machen. Im Kapitel »Vorbilder und Kompensationen« haben wir eine Geschichte von Diethart Kerbs aufgenommen, die anrührend und erschreckend zugleich die Folgen soldatisch-deutscher Erziehung in einem Kinderleben zeigt. Wir haben diese Texte aufgenommen, weil auch sie von der »lebenslangen Suche« zeugen und im direkten Kontext zum Thema dieses Buches stehen.

Einige der Gesprächspartner lieferten für das Buch kurze Stichworte, andere lange Lebensberichte. Die Autoren mussten sich für eine Konzeption entscheiden und bieten die rund 250 Textbausteine thematisch geordnet an. Es ist bedauerlich, dass nicht alle Texte in voller Länge aufgenommen werden konnten (allein der Umfang hätte den Rahmen eines Buches gesprengt). Den Autoren schien es für Leserinnen und Leser hilfreicher zu sein, die Kernaussagen nach Themen geordnet lesen zu können, auch wenn dadurch die Lebensgeschichten in ihren Zusammenhängen meist verloren gehen. Jeder Benutzer des Buches hat aber die Möglichkeit, in den einzelnen Kapiteln die Spuren der Betroffenen zu verfolgen. Aus persönlichen Gründen haben sich einige von ihnen entschieden, ihre Aussagen anonym mitzuteilen. Solche Texte sind jeweils am Schluss mit einem Vornamen oder einem Kürzel versehen.

Die drei Autoren haben sich über ihre im Jahr 2000 erschienenen, sehr unterschiedlichen Bücher zu Vätern und Vaterlosigkeit kennen gelernt (siehe Literaturverzeichnis). Das vorliegende Buch entstand mit dem gemeinsamen Ziel, das Thema in möglichst vielen Aspekten und durch Informationen über den Stand der Forschung für ein breites Publikum, für direkt Betroffene und sensibilisierte Zeitgenossen ein Stück sichtbarer zu machen.

Dezember 2003   Hermann Schulz
                                                 Hartmut Radebold
                                                 Jürgen Reulecke

Beschädigte Kindheiten – beschädigtes Leben

Hermann Schulz

Der türkische Autor Orhan Pamuk überschrieb einen Essay über seinen Vater mit der provozierenden Zeile: »Der Tod jedes Mannes beginnt mit dem Tode seines Erzeugers.«[1] Er hängt in seinem Text Träumen und Enttäuschungen nach. So heftig er seinen Vater auch kritisiert (bis zur Verächtlichmachung, mühsam die Scham verbergend), so deutlich sieht er in ihm zugleich die Quelle für seine eigene Sicherheit, mit der er (zum Beispiel) Schriftsteller wurde.

In einer ganz anderen Weise erkennt der 1944 geborene Schriftsteller Michael Zeller die (unsichtbare) Rolle, die sein abwesender Vater für seine berufliche Entscheidung spielte. Der Vater war der letzte Regierungspräsident in Niederschlesien. Erst am 7. Mai 1945 verließ er seinen Arbeitsplatz und versuchte, sich nach Westen zu seiner Familie durchzuschlagen. Er kam bei dieser Flucht ums Leben; sein Sohn vermisste ihn in der Kindheit nicht: »Das war ja für viele die Normalität: arm und vaterlos!«, sagte Zeller in einem Gespräch. Trotzdem verpflichtete ihn sein Vaterbild, ein Studium zu absolvieren und zu promovieren, bevor er sich »frei« fühlte, Schriftsteller zu werden. Da er der jüngste von drei Brüdern war und das Leben mit dem Vater nicht kannte (im Gegensatz zu den älteren Brüdern auch nicht den Wohlstand der Familie in Schlesien), verinnerlichte er stärker als sie, was die Familie (seine Mutter) verloren hatte. Nie, so sagte er, habe er Kinder, eine Familie, ein Haus haben wollen! Seine Dissertation trug den Titel *Väter und Söhne bei Thomas Mann*; seine Romane sind ausnahmslos – bis zu dem zuletzt erschienenen *Die Reise nach Samosch*[2] – geprägt von der Suche nach Heimat, der Auseinandersetzung mit der Unsicherheit der Herkunft und seiner Rolle als »Ersatzmann« anstelle des Vaters. »Die schwerste Behinderung einer persönlichen Entwicklung durch den ausgefallenen Vater«, so schrieb er nach dem Gespräch zusammenfassend, »sehe ich darin, dass ich nie den *gesellschaftlichen Umgang* mit Menschen gelernt habe – was ein Vater, als Repräsentant der Gesellschaft in einer Familie, zu vermitteln gehabt hätte. Ich kann, bis heute, immer nur persönlich auf Menschen zugehen (oder nicht), wie ich das von der mütterlichen Emotionalität abgeschaut habe (...) Das direkte Zugehen auf Menschen hat natürlich auch Vorteile, nicht zuletzt im Umgang mit Frauen.«

Aus den vielen Beispielen der Belletristik und der Erinnerungsliteratur, die sich mit vaterlosen Söhnen befassen, sollen hier drei Beispiele angeführt werden. Exemplarisch beschreibt der französische Nobelpreisträger Albert Camus (geb. 1913) in seinem nicht abgeschlossenen Roman *Der erste Mensch* den Besuch des Grabes seines Vaters, der 1914 im Krieg gefallen war und an den er keine eigene Erinnerung hatte. Das Buch wurde nach dem Tode des Autors veröffentlicht.

»›Welchen Namen suchen Sie?‹ – ›Henri Cormery‹, antwortete der Reisende. Der Wärter klappte ein in Packpapier eingeschlagenes großes Buch auf und fuhr mit seinem erdigen Finger eine Namensliste entlang. Sein Finger hielt inne. ›Cormery, Henri‹, sagte er, ›lebensgefährlich verwundet in der Marneschlacht, gestorben in Saint-Brieuc am 11. Oktober 1914.‹ – ›Das ist er‹, sagte der Reisende. Der Wärter schlug das Buch zu. ›Kommen Sie‹, sagte er. Und er ging vor ihm her zu den ersten Reihen von Gräbern, die einen bescheiden, die anderen eitel und hässlich, alle mit diesem Schnickschnack aus Marmor und Perlen bedeckt, der jeden beliebigen Ort der Welt verschandeln würde. ›Ein Verwandter?‹ fragte der Wärter zerstreut. ›Mein Vater.‹ – ›Das ist hart‹, sagte der andere. – ›Ach nein, ich war noch kein Jahr alt, als er gestorben ist. Sie verstehen also.‹ – ›Ja‹, sagte der Wärter, ›trotzdem. Es hat zu viele Tote gegeben.‹ Jacques Cormery erwiderte nichts. Gewiss hatte es zu viele Tote gegeben, aber was seinen Vater betraf, so konnte er sich keine Pietät aus den Fingern saugen, die er nicht empfand. Seit vielen Jahren, seitdem er in Frankreich lebte, nahm er sich vor zu tun, worum seine in Algerien gebliebene Mutter (...) ihn schon so lange bat: sich das Grab seines Vaters anzusehen, das sie selbst nie gesehen hatte. Er fand, dass dieser Besuch überhaupt keinen

Sinn hatte, einmal für ihn nicht, der seinen Vater nie gekannt hatte, fast nichts von ihm wusste und der konventionelle Gesten und Handlungen verabscheute, und andererseits für seine Mutter nicht, die nie von dem Verstorbenen sprach und sich von dem, was er sehen würde, nichts vorstellen konnte (...) ›Hier ist es‹, sagte der Wärter. Sie waren vor einem Karree angekommen, das umgeben war von kleinen, durch eine dicke, schwarz lackierte Kette miteinander verbundenen grauen Steinpflöcken (...) ›Sehen Sie, da ist er.‹ Er zeigte auf einen Stein in der ersten Reihe. Jacques Cormery blieb in einiger Entfernung von dem Stein stehen (...) Ja, das war wirklich sein Name. Er blickte nach oben. An dem blasseren Himmel zogen langsam weiße und graue Wölkchen (...) Um ihn herum auf dem weitläufigen Totenacker herrschte Stille. Nur von der Stadt her drang ein dumpfes Tosen über die hohen Mauern. Manchmal ging eine schwarze Gestalt zwischen den fernen Gräbern entlang (...) In dem Augenblick las er auf dem Grab das Geburtsjahr seines Vaters, und er merkte, dass er es nicht kannte. Dann las er beide Jahreszahlen, ›1885 – 1914‹, und rechnete mechanisch: neunundzwanzig Jahre. Plötzlich überfiel ihn ein Gedanke, der ihn bis ins Mark erschütterte. Er war vierzig Jahre alt. Der unter dieser Steinplatte begrabene Mann, der sein Vater gewesen war, war jünger als er.

Und die Welle von Zärtlichkeit und Mitleid, die auf einmal sein Herz überflutete, war nicht die Gemütserregung, die den Sohn bei der Erinnerung an den verstorbenen Vater überkommt, sondern das verstörte Mitgefühl, das ein erwachsener Mann für das ungerecht hingemordete Kind empfindet – etwas entsprach hier nicht der natürlichen Ordnung, und eigentlich herrschte hier, wo der Sohn älter war als der Vater, nicht Ordnung, sondern nur Irrsinn und Chaos. Die Abfolge der Zeit selbst zerbrach rings um ihn, den bewegungslos zwischen den Gräbern Stehenden, die er nicht mehr wahrnahm, und die Jahre hörten auf, sich jenem großen Strom folgend anzuordnen, der seinem Ende entgegenfließt. Sie waren nur mehr tosendes Hin- und Herbranden, in dem Jacques Cormery jetzt von Angst und Mitleid gepackt zappelte. Er sah sich die anderen Steinplatten des Karrees an und erkannte an den Lebensdaten, dass dieser Boden angefüllt war mit Kindern, die die Väter von ergrauenden Männern gewesen waren, welche in diesem Augenblick zu leben vermeinten. Denn er selbst vermeinte zu leben, er hatte sich allein aufgebaut, er kannte seine Kraft, seine Energie, er bot die Stirn und hatte sich in der Hand. Doch in dem seltsamen Taumel, in dem er sich augenblicklich befand, wurde jenes Standbild, das jeder Mensch errichtet und im Feuer der Jahre härtet, um sich ihm anzuverwandeln und in ihm das letzte Zerbröckeln abzuwarten, schnell rissig, brach schon jetzt zusammen. Er war nur mehr dieses lebensgierige, gegen die tödliche Ordnung der Welt aufbegehrende verängstigte Herz, das ihn vierzig Jahre lang begleitet hatte und noch immer mit derselben Kraft gegen die Mauer schlug, die es vom Geheimnis allen Lebens trennte, die es überwinden, über die es hinausgehen und wissen wollte, wissen, bevor er starb, endlich wissen, um zu sein, ein einziges Mal, eine einzige Sekunde, aber für immer. Er sah wieder sein verrücktes, mutiges, feiges, hartnäckiges, immer auf jenes Ziel, von dem er nichts wusste, gerichtete Leben vor sich, und in Wirklichkeit war es die ganze Zeit über verlaufen, ohne dass er versucht hätte, sich vorzustellen, was für ein Mensch es gewesen sein mochte, der ihm eben dieses Leben geschenkt hatte, um alsbald fortzugehen.«[3]

Zeitlich näher am Thema, das uns hier beschäftigt, ist Peter Härtling mit seinem Buch *Nachgetragene Liebe* – eine schmerzliche, schonungslose und erschütternde Erinnerung und Annäherung: »Mein Vater hinterließ mir eine Nickelbrille, eine goldene Taschenuhr und ein Notizbuch, das er aus grauem Papier gefaltet und in das er nichts eingetragen hatte als ein Gedicht Eichendorffs, ein paar bissige Bemerkungen Nestroys und die Adressen von zwei mir Unbekannten. Er hinterließ mich mit einer Geschichte, die ich seit dreißig Jahren nicht zu Ende schreiben kann. Ich habe über ihn geschrieben, doch nie von ihm sprechen können.«[4]

Härtlings Buch endet mit den Sätzen: »Ich muss die Spuren lesen, die du mir hinterlassen hast. Ich fange an, dich zu lieben. Ich bin älter als du. Ich rede mit meinen Kindern, wie du nicht mit mir geredet hast, nicht reden konntest. Nun, da ich die Zeit verbrauche, die dir genommen wurde, lerne ich, dich zu verstehen. Kehrtest du zurück, Vater, wie der Mann aus dem Bergwerk von Falun, könntest du mein jüngerer Bruder sein.«[5]

Die Erinnerungen des 1940 geborenen Wirtschaftsmanagers Hans Olaf Henkel *Die Macht der Freiheit* beginnen mit einem ungewöhnlichen Bekenntnis: »Der Mann, der mein Leben am stärksten prägt, hat in meiner Erinnerung kaum Spuren hinterlassen. Dennoch war er mir immer gegenwärtig, und vielleicht gerade, weil er mir so gefehlt hat. Wie oft denke ich an ihn, stelle mir vor, wie er heute aussähe. Dann sehe ich mich neben ihm, der ich heute 20 Jahre älter bin, als er bei seinem Tod war. Und ich bin immer noch sein kleiner Hans geblieben und er mein großer Papi (...) Auf den letzten Fronturlaub erfolgt die endlose Qual des Wartens. Irgendwann kommen keine Briefe mehr, monatelang hören wir nichts von ihm, keine Post trifft ein und keine Nachricht. Der Krieg ist schon lange zu Ende, als zwei grün gekleidete Männer an unsere Wohnungstür kommen. Mutter bittet sie herein ins Wohnzimmer, wo sie gedämpft zu ihr sprechen. Mit einem Aufschrei bricht sie plötzlich zusammen, wir weinen und weinen (...) Es gibt allerdings keine Gewissheit. Sie sagen zwar, er sei im Januar 1945 im Kessel von Budapest gefallen. Aber sie haben keinen Beweis (...) Mutter beschließt deshalb, ihnen nicht zu glauben. Nein, Vater ist sicher nicht tot, einer wie er kommt immer durch.« Erst viele Jahre später entdeckt Hans Olaf Henkel unter den Namen eines Massengrabes auf dem Budapester Zentralfriedhof den seines Vaters. »Drei Bronzetafeln (...) tragen 9000 Namen. Ich folge dem Alphabet, und mein Herz scheint einen Schlag auszusetzen. Ich lese seinen Namen, meinen Namen. Hans Henkel steht hier, geboren am 25. Mai 1905 (...) Wie lange habe ich auf diesen Augenblick gewartet. Ich sage ›Papi‹ zum ersten Mal seit vierzig Jahren.«[6]

Nicht selten machten die vaterlosen Söhne in Gehorsam zum (fehlenden) Vater oder zur (überforderten, tapferen) Mutter ihre Karriere, engagierten sich sozial oder politisch und unterdrückten ihre (unausgesprochene und unbewusste) Suche nach der eigenen Identität zu Gunsten eines Idealbildes von »Tapferkeit« und zu Lasten der eigenen Selbstfindung. In Kindheit und Jugend fanden sie selten angemessene Gesprächspartner, die sie auffingen, Dialogfähigkeit herstellten, ihnen wirklich weiterhalfen. Intime Dialoge sind in der Männerwelt ja sowieso weithin unüblich! Zudem erschwerten die besonderen geschichtlichen Umstände der Nachkriegszeit jedes Gespräch darüber. Diese Männer machten durchweg bürgerliche Karrieren, reisten um die Welt (als Triebkraft eine ungestillte und unbestimmte Sehnsucht), engagierten sich, wurden gute Haushälter, bemühten sich vielleicht, gute Väter zu sein, blieben aber nicht selten schwach in persönlichen Begegnungen und Beziehungen. Ebenso wie sie leise (oder allzu laute) Kinder waren, die oft nur betreut, aber selten richtig geliebt wurden, wurden sie stille (oder allzu laute) Erwachsene, allein gelassen mit dem »inneren Bild« eines nur imaginierten Vaters. Darüber herrschte das allmächtige Bild der Mutter, und niemand half, sie davon zu befreien. Auch die Mütter waren zu einem heilenden Dialog kaum in der Lage – oder willens. Wenn es hieß: »Genau wie dein Vater ...!«, so war für den Sohn oft ungesichert, ob das kritisch oder freundlich gemeint war. Denn auch die Mütter steckten in der Enttäuschung, verlassen worden zu sein. Das elterliche System der Identitätspole war zerstört, eine wirkliche Solidarität, die lebensrettend gewesen sein könnte, war kaum möglich. Einem idealisierten Vater zu folgen, war problematisch, einem Vater, von dem abwertend erzählt wurde, ebenso. Also wurde die Beschäftigung mit ihm verdrängt. Solche Konditionen pflanzten sich fort und beeinträchtigten später ein »heilendes« Umgehen mit den eigenen Kindern und den folgenden Generationen.

Erst in den letzten Jahren melden sich diese Männer zögerlich zu Psychotherapien, um auszuleuchten, wie und warum sie so geworden sind, woher ihre Unsicherheiten, ihre Melancholien kommen. Oft fühlen sie sich im Innersten unsicher (so hört man von Psychotherapeuten), schieben andere Motivationen vor – und wissen selbst nicht, woher der Leidensdruck stammt, warum ihre emotionalen Kontakte so mager (und formal) geblieben sind. Sie sind untrainiert! Das Patriarchat gibt den Männern keine wärmende Heimat – und hat ihnen auch das Eingestehen der Sehnsucht nach dem verlorenen Vater erschwert. Wer kein Ziel hat, kann sich nicht verirren; kein Wunder, dass diese vaterlosen Söhne insgesamt unauffällig und leistungsstark die Lasten der Nachkriegsjahre getragen haben. Vielleicht sind sie unbewusst den »soldatischen« Bildern gefolgt, die hinter der tapferen Haltung ihrer Mütter standen bzw. die diese ihnen von den

Vätern vermittelten? Sie hatten nur geringe Chancen, (wie »richtige« Männer) etwas *nicht* zu tun! Denn der Vater konnte sie nicht mehr unterstützen, »er wäre der Führer in einem freien Gelände gewesen! Führer in eine Welt, die nicht von vornherein programmiert ist, in der Erfindungen möglich sind, die nicht zugeschüttet ist von anzustrebenden Erfolgsbildern, Reklamemodellen und Karrieren, sondern in der man das Neue immer wieder neu auf die eigene Kappe nehmen kann« (Martin Goldstein, Arzt und Psychotherapeut, in einem Gespräch). Erst wenn das erreicht wird, ist man sich selbst schließlich ein guter Vater – und das öffnet die Möglichkeit, es auch für die eigenen Söhne und Töchter zu sein.

Es ist auffällig, dass diese »Söhne ohne Väter« eine *Generation der Auflehnung* darstellen. In der Politik (Gerhard Schröder, Oskar Lafontaine u. a.), in der Wirtschaft (Hans Olaf Henkel u. a.), in der Dritte-Welt-Bewegung, bei den 68ern wie auch bei der Stasi und in den fundamentalistischen Sekten spielen sie eine auffallende, wenn auch sehr unterschiedliche Rolle: Männer auf der Suche nach der Identitätsgewinnung, nach Heimat im Hierarchiegeflecht. Die Fundamente wurden in den Mannwerdungsangeboten der fünfziger Jahre gelegt. Sie waren immer noch geprägt von heldischen Jungmännerbildern – von Bündischer Jugend (als typisches Element deutscher Mentalitätsgeschichte) über den CVJM bis hin zu literarischen Vorbildern von Karl May und den bekannten Cowboyhelden in Groschenheften der fünfziger Jahre.

Solche und andere untergründig oder offen wirksamen Auffälligkeiten gilt es auszuloten und zu deuten. Es geht nicht um einen Platz auf dem Markt der Opfergruppen, sondern um die Wahrnehmung unserer eigenen Geschichte, um die späte Chance, unsere Gesellschaft heute in ihren Defiziten besser zu begreifen.

Lebensberichte

Letzte Bilder – Verlust ohne Abschied

Wie alt waren Sie, als Sie Ihren Vater endgültig verloren haben? Wie lange und mit welcher Intensität konnten Sie ihn überhaupt kennen lernen bzw. er Sie? Aufgrund welcher (Kriegs-)Einwirkungen fehlte Ihr Vater dauerhaft? Zu welchem Zeitpunkt Ihres Lebens haben Sie sich zum ersten Mal bewusst mit ihm befasst – und mit welchem Gefühl?

In den Kriegswirren des Jahres 1945 verlor ich auf der Flucht – auf der Landstraße zwischen Küstrin und Frankfurt/Oder – meine Angehörigen. Mein wirkliches Alter und mein richtiger Vor- und Zuname sind mir nicht bekannt. Der russische Stadtkommandant von Berlin setzte mein Geburtsdatum auf den 15. März, den Tag meiner Auffindung, fest und gab mir den Namen Rainer Ludwig (Anm. H. S.: Im Gespräch hielt Rainer John es für möglich, damals selbst den Namen Ludwig genannt zu haben. Es wäre aber auch möglich, dass er den Namen willkürlich bekam. Erst Jahre später erhielt er durch eine seiner Pflegemütter deren Mädchennamen John, gegen seinen Willen). Einen Geburtsort legte er nicht fest. Kennen lernen konnte ich meinen Vater nicht, da mein Erinnerungsvermögen so weit nicht zurückreicht. Zudem gab es niemanden, der mir von ihm – ob in positiver oder negativer Weise – erzählen konnte. Ich verlor ihn auf der Flucht, obwohl ich bis heute nicht das Gefühl habe, er sei damals überhaupt dabei gewesen. Eher denke ich, dass ich ihn schon vorher verloren hatte. *(Rainer John)*

Mein Vater wurde sofort bei Kriegsanfang wegen seines Berufes als Arzt und aufgrund seiner umfassenden Sprachkenntnisse eingezogen. 1892 geboren, hatte er bereits den Ersten Weltkrieg als Kriegsfreiwilliger mitgemacht. Mit einer Panzerdivision an die Oderfront geworfen, erlitt er wegen eines Treffers auf das Lazarettzelt mehrere ernsthafte Verletzungen, an denen er wohl nicht hätte sterben müssen. Nach Auskunft der ihn pflegenden Schwestern gab er sich auf, nachdem er im Radio die (Falsch-)-Meldung gehört hatte, dass alle Einwohner von Berlinchen/Neumark (unserem Evakuierungsort) – also wohl auch wir – von den Russen massakriert worden seien. *(Hartmut Radebold)*

Mein Vater wurde Ende 1939 eingezogen, bis zum Beginn des Russlandfeldzuges waren kontinuierliche Begegnungen mit ihm möglich. Da meine Mutter das Geschäft meines Vaters (Bäckereiartikelgroßhandlung) weiterführte und noch meinen jüngeren Bruder zu betreuen hatte, zog ich im Frühjahr 1941 zu meinem Patenonkel nach Litzmannstadt (Łódź), wo mein Onkel als Major der Schutzpolizei Kommandeur einer der drei Schutzpolizeiabschnitte der Stadt war. Tante und Onkel waren kinderlos.

1942 kam mein Vater mit Hepatitis in das Lazarett Worwschitowsk und wurde wenig später in das Reservelazarett Sigmaringen verlegt, wo meine Mutter und ich ihn besuchten. 1944 kam er zur kämpfenden Truppe und wurde am 5. April 1944 bei Olanesti verwundet und kam in das Lazarett Brandenburg-Görden. Kurz nach dem 20. Juli 1944 holte mich meine Mutter aus einem Führerausbildungslager des Jungvolks in Schlüsselburg/Weser ab und fuhr mit meinem Bruder und mir nach Brandenburg, wo wir eine Zeit lang in der Siedlung der Vollzugsbeamten des Zuchthauses Brandenburg zur Untermiete wohnten und meinen Vater täglich besuchten. Ich habe an diese Begegnungen kaum konkrete Erinnerungen.

Mein Vater erzählte meiner Mutter, er habe als Zuschauer an einer Hinrichtung im Zuchthaus Brandenburg teilgenommen. Der Todeskandidat habe geschrien, und er fand das unwürdig. Bei einem Spaziergang durch den Lazarettpark wurde er als Offizier von einem Soldaten gegrüßt und erwiderte dies mit dem Militärgruß, den er dann zum Hitlergruß korrigieren musste, wie er nach dem 20. Juli bei der Wehrmacht eingeführt wurde. Ich merkte, dass ihm das gar nicht passte. Meine letzte Erinnerung an meinen Vater sind Waldspaziergänge im Winter 1944/45. *(Wolfgang Hempel)*

Etwa vierzehn Tage nach meinem siebten Geburtstag habe ich meinen Vater verloren. Er ist am 1. September 1944 gefallen. Die Nachricht von seinem Tod traf eine Woche später in der Familie ein. Konkrete Erinnerungen an meinen Vater habe ich ab dem dritten bis vierten Lebensjahr. Er war selbstständiger mittelständischer Kaufmann in der Vorstadt der, nach dem Anschluss Österreichs ans Deutsche Reich, so genannten »Gauhauptstadt Linz« an der Donau. Unser Betrieb war ein damals noch existenzfähiger Typus Vorstadtkaufhaus mit breitem Warensortiment, das, scherzhaft ausgedrückt, »von der Trambahnschiene bis zur Stecknadel« reichte. Geschäft und Wohnung waren im selben relativ großen Haus mit großem Garten. Mein jüngerer Bruder und ich waren einem Kindermädchen anvertraut, weil beide Elternteile ganztags im Geschäft arbeiteten. Dennoch hatte sich zum Vater ein sehr enger Kontakt hergestellt, weil er hörbar und spürbar in unserer Nähe war. Der tägliche gemeinsame Mittagstisch, nach dem Abendbrot die Beschäftigung des Vaters mit uns Buben bei Spiel und Spaß, mit Dominosteinen, Holzbaukasten, elektrischer Eisenbahn, Kasperletheater, Zimmerschaukel – sie füllte die Abende. Das Gutenachtwünschen war ein feierliches Ritual, wie es sich in ein Kindergedächtnis eingräbt.

Der Vater war Oberkraftfahrer der Einheit; für seine Kameraden war er der »Kommandeurfahrer«, so der gebräuchliche Ausdruck in der Wehrmacht für seinen Posten. Er war im August 1944 mit seiner Einheit in Tarnopol, als am 29. August 1944 der »Slowakenaufstand« ausbrach. So wurde die Einheit nach Süden in Marsch gesetzt, denn in der verbündeten Slowakei des katholischen Priesterpräsidenten Dr. Tiso, ein Staat von Hitlers Gnaden, regte sich wie in allen besetzten Gebieten Widerstand. Auch die Slowakei hatte auf einmal »partisanenverseuchtes Gebiet«: Im mittleren Abschnitt der Rollbahn Kaschau-Prešov kam Vater mit seinem Wagen, in dem der Hauptmann mit Begleitung saß, vom Wege ab. Er soll ein Warnschild übersehen haben und da in eine Gegend geraten sein, wo Partisanen bereits auf Wehrmachtsfahrzeuge lauerten, um – nach üblicher Taktik – zuerst den Fahrer zu »erledigen«. Es war in der Nacht vom 31. August zum 1. September 1944 um vier Uhr früh, als ihn gezielte Kopf- und Herzschüsse töteten. Die anderen Insassen müssen abgesprungen und sich in Deckung begeben haben, weil die Partisanen noch Gelegenheit hatten, ihm seine Uhr abzustreifen. Die blutbefleckte Brieftasche, die heute noch in meinem Besitz ist, ließen sie scheinbar unberührt.

Ein eineinhalbseitiger Bericht über den »Heldentod des unvergesslichen Kameraden« wurde vom Hauptmann unterschrieben und an meine Mutter abgesandt. Immer wieder staune ich bei Betrachtung dieses Familiendokuments, wie man Ende 1944, als täglich Tausende fielen, für solch aufwändige Schreibstubenarbeit noch die Zeit fand. Ich erinnere mich an den bald darauf erfolgten Besuch des Hauptmanns in Uniform und mit langem Säbel in unserem Hause, weil ich zur Vorstellung und zum Grüßen (mit »Heil Hitler«) aus dem Kinderzimmer herbeigerufen wurde. *(Martin)*

Vier Monate nachdem mein Vater zur Wehrmacht, die damals Polen eroberte, eingezogen worden war, wurde ich an Weihnachten 1939 geboren. Später kam er als Chauffeur eines requirierten Citroën für einen Obersten, dann als zeichenkundiger Kartograph, zuletzt als Sanitäter, nach Frankreich, Weißrussland und in die Ukraine. Ich selbst erinnere mich nicht an seine seltene Gegenwart, wenn er Fronturlaub hatte, aber eine oft erzählte Familiengeschichte berichtet, dass ich, als ich zu sprechen begann und er von der Ostfront zurückgekommen war, mehrfach wiederholte: »Der *dat* soll gehen!« Ich hatte den Mann in Uniform nicht als Familienmitglied akzeptiert. Es war erst zu der Zeit, als er starb und meine erste Tochter geboren wurde, dass ich diese Geschichte nicht mehr lustig fand und auch ihre Bitterkeit empfinden konnte.

Im Jahr nach seinem letzten Besuch blieben persönliche Nachrichten von der Ostfront plötzlich aus, und meine Mutter produzierte einen ganzen Stoß von schwarzen Kohlezeichnungen mit Baumstümpfen und abgestorbenen Stämmen in einem Sumpf. Er war vermisst und wurde es noch mehr. Es war wohl erst mehr als ein Jahr nach dem Krieg, als sie die Nachricht erhielt, dass er lebte und in russischer Kriegsgefangenschaft war. *(Lutz Niethammer)*

Ich kannte meinen Vater sechseinhalb Jahre. An Kontakte zu ihm kann ich mich nicht erinnern, außer dass ich einmal eine Tracht Prügel bezogen habe, weil ich am dörflichen Feuerwehrteich gespielt hatte. *(Reinhard)*

Mein Vater wurde sofort mit Kriegsbeginn eingezogen. Ich war gerade erst wenige Wochen alt. Er fuhr damals einen großen MAN-Lastzug für eine Spedition. Soweit mir meine Mutter erzählte, durchquerte er damit ganz Europa und transportierte Versorgungsgüter für die Wehrmacht. Sicherlich kam er auf Urlaub, aber an seine Gestalt oder an seine spürbare Nähe kann ich mich nicht erinnern. Nur eine Begebenheit ist mir in Erinnerung: Eines Tages kam ein Paket von meinem Vater an. Darin waren Gardinenstoff und eine runde Dose mit Schokolade. Leute in unserem Dorf, die ihn kannten, berichteten von einem freundlichen Mann und einem fürsorglichen Vater (so auch die Aussagen meiner Mutter). Vermisst habe ich meinen Vater nicht. Hier im Dorf sind ja viele ohne Vater aufgewachsen. Das war normal für mich. *(Wolfgang)*

Ich habe mich seit dem ersten Tag seiner Abwesenheit bewusst mit diesem Verlust befasst, so zum Beispiel in häufigen – nicht von Erwachsenen vorgegebenen – selbst formulierten Gebeten. Das Nichterhören dieser Gebete führte zu einer tiefen Glaubenskrise, aus der ich mich erst Jahrzehnte später befreien konnte. Die Gefühle waren geprägt von Angst um sein Leben, Sorge um sein Ergehen in Schnee und Schlamm. Nach dem Tod meines Vaters brach der Hass meiner Mutter gegen das Naziregime mit solcher Wucht heraus, dass sie mit mir täglich *Radio London* unter der Bettdecke gehört hat. *(Johannes Thiele)*

Nur dunkle Erinnerungen an einen Fronturlaub. Ich erinnere mich an vorpubertäre Sehnsucht. *(Fritz)*

Mein Vater, geboren 1910, ist im Januar 1942 vor Leningrad gefallen, als ich sechs Wochen alt war. Von meiner Geburt hat er noch erfahren und meiner Mutter mehrmals in der Freude über das erste Kind – meine Eltern wollten drei Kinder – geschrieben. Doch gesehen hat er mich nicht mehr. Während meiner Kindheit war mein Vater in Erzählungen meiner Mutter, in häufigen Erziehungsformeln (»Vati hätte das so gemacht, hätte sich gefreut, wäre enttäuscht ...«), in einem Bild in der Wohnküche sowie in Gegenständen und Ritualen, die mit ihm verbunden wurden, sehr gegenwärtig. Daher kann ich keinen Zeitpunkt einer ersten bewussten Beschäftigung mit ihm nennen. *(WKB)*

Mein Vater wurde im Sommer 1939 eingezogen und fiel im Oktober 1941. Da war ich zwei Jahre und sechs Monate alt. Keine Erinnerungen ... Ich war schon immer historisch interessiert, aber die intensive Beschäftigung mit dem Nationalsozialismus hatte durchaus auch eine ganz persönliche Komponente: Einerseits war sie durch die Möglichkeit der Auseinandersetzung mit meiner Mutter Mittel der Emanzipation, andererseits hat mich (wie viele meiner Generation) die Frage beschäftigt, was mein Vater damit zu tun hatte und was er eigentlich in Russland so gemacht hat. Als Mensch fassbarer geworden ist er mir dadurch nicht. Er wurde mir immer als leuchtendes Beispiel vor Augen geführt, er war mehr ein »Engel« ohne erkennbare menschliche Eigenschaften. Gefühle? Eher negative bzw. gar keine. *(Valentin)*

Ganz verschwommen steht da ein Mann vor der Tür des Gartenhäuschens, in dem die Flüchtlingsfamilie damals lebte, um meinen beiden Schwestern und mir Hausschuhe (wir nannten sie Puschen) zu schenken. Die Schuhe waren willkommen, der Mann blieb uns fremd. Er kam aus der britischen Kriegsgefangenschaft und wollte wohl mit unserer Mutter ein neues Leben beginnen. Aber die beiden verstanden sich nicht mehr. An mehr Vater erinnere ich mich nicht. Damals war ich vier, nehme ich an. Wieder gesehen habe ich ihn erst, als er achtzig und ich fünfzig Jahre alt war, auf dem Flugplatz in Toronto. Weil er so früh aus meinem Leben verschwunden war, habe ich ihn eigentlich nie vermisst. *(Henning Schüler)*

Die amtliche Nachricht, dass er im August 1945 in jugoslawischer Kriegsgefangenschaft gestorben sei, erreichte uns 18 Monate später. Von da an habe ich mich eigentlich immer wieder mit meinem Vater befasst. Die wenigen eigenen Erinnerungen wurden ergänzt durch das sehr idealisierte Bild, das uns unsere Mutter vermittelte. Für die Wirklichkeit war sie von nun an zuständig. *(Walter Gerschler)*

Seit der Kapitulation von Stalingrad am 31. Januar 1943 galt mein Vater als vermisst. Es ist unklar, ob er noch in Gefangenschaft geraten oder in den letzten Kämpfen gefallen ist. Da das Chaos des Endes von Stalingrad groß war, ging meine Mutter immer davon aus, dass ihr Mann noch lebte. Jahrelang hat sie gewartet, und ich mit ihr. Nach dem Krieg kursierten Gerüchte über so genannte »Schweigelager«, die besagten, dass die dort Gefangenen keine Briefe schreiben und empfangen dürften. Dies war ein Strohhalm, an dem sich Hoffnung festmachte. Die Hoffnung auf seine Heimkehr war so stark, dass meine Mutter sich bis 1957 weigerte, ihren Mann für tot erklären zu lassen, obwohl dies die Voraussetzung für eine Rente war. Aus diesen Gründen war also der Verlust des Vaters für mich eher ein schleichender Vorgang, ein jahrelanger Abschied.

Da ich im Oktober 1936 geboren und mein Vater (vermutlich) 1940 eingezogen wurde, habe ich ihn bzw. er mich knapp fünf Jahre lang erlebt. Meine Erinnerungen an ihn sind unsicher, könnten auch auf Erzählungen meiner Mutter bzw. meiner Großeltern zurückgehen. Ich habe so gut wie keine Erinnerung an eindeutige eigene Erfahrungen mit ihm – das schmerzt auch noch heute. Wie gerne hätte ich es gelegentlich gehabt, seine Stimme mich trösten zu hören, seine Wärme zu spüren, die Berührung zärtlicher Hände zu fühlen, von seinen Armen liebevoll gehalten zu werden, sein lächelndes Gesicht vor mir zu sehen! In Erzählungen wurde er sicher stark idealisiert. Es schmerzt mich, so wenige konkrete Erinnerungen zu haben. Eine besteht leider darin, dass auf unserem Tisch bei den Mahlzeiten immer ein Rohrstock lag. Der scharfe Knall auf den mit Wachstuch bespannten Tisch, wenn ich nicht essen wollte, hat sich mir eingeprägt. *(Heinz-Günther Risse)*

Weihnachten 1944 habe ich meinen Vater in Dresden zum letzten Mal gesehen. Von seinem Tod in französischer Kriegsgefangenschaft wurden wir erst nach unserer Rückkehr in die Heimat unterrichtet. Ich träumte in der ersten Zeit nach der Nachricht von seinem Tod manchmal, dass er doch zurückgekommen wäre. Aber nach einiger Zeit fand ich die Verhältnisse normal, insbesondere da die meisten meiner Freunde auch keinen Vater mehr hatten. Gefühle der Sehnsucht nach einem Vater ließen im Laufe der ersten Jugendjahre nach. *(Zoran)*

Ich war sechs Jahre alt, als wir am Weihnachtstag 1944 die Nachricht erhielten, dass mein Vater auf dem Italienfeldzug gefallen ist. Seine Persönlichkeit in der Familie war stets gegenwärtig. Er, ein Dorfschullehrer, war ein mutiger Mann. Er hatte Hitlers *Mein Kampf* gelesen und in Vorträgen für die Dorfbewohner vor dem Nationalsozialismus gewarnt. Er ist deshalb mehrfach verhaftet worden. Als er eingezogen wurde, war ich noch kein Jahr alt. Wenn wir heimlich Auslandssender hörten, wurden meine Schwester und ich häufig zum Pfarrer geschickt, um ihn zu diesen Sendungen zu holen. Wir fühlten uns dabei als Geheimnisträger, als meinem Vater verbundene Widerstandskämpfer, und waren stolz darauf. *(Norbert)*

Als mein Vater mit 38 Jahren durch eine tödliche Schussverletzung in Russland starb, war ich knapp sechs Monate alt. Ich habe überhaupt keine Erinnerung an ihn. In meiner Kindheit spielte er nur eine geringe Rolle. Die Erzählungen über ihn waren mir etwa gleich wichtig wie die über den Kaiser, wobei mein Großvater in der Regel nur die positiven Seiten meines Vaters erwähnte. Meine Mutter brachte nie das Gespräch auf ihn. Den Anstoß, mich mit der Rolle des fehlenden Vaters in der Familie zu beschäftigen, gab es, als ich (im 17. Lebensjahr) zum ersten Mal die Durchschrift eines Briefes meines Vaters an den Generalfeldmarschall von Kesselring las, in dem er die Bildung einer Kamikazegruppe vorschlug, an der er sich auch selbst beteiligen wollte. Diesem Brief konnte ich entnehmen, dass ihm der Einsatz für Führer, Volk und Vaterland wichtiger war als die Sorge um seine Familie. *(Johann Meseth)*

Als mein Vater fiel, war ich vier Jahre und vier Monate alt. Meine Erinnerungen an ihn reichen bis ins dritte Lebensjahr zurück: Er war groß, kräftig, Sicherheit und Geborgenheit ausstrahlend. Er hat sich – als Vater von vier Kindern – 1941 freiwillig nach Russland gemeldet. Der »kriegerische Heroismus« (Ernst Jünger) hatte für ihn eine Bedeutung. Ich erinnere mich, zu Weihnachten 1941 Päckchen für ihn gepackt zu haben. Nach der Todesnachricht bestimmten Schmerz und Sehnsucht meine Gefühle. *(Friedrich)*

Dass sein Tod Folge eines Unfalls war und nicht ein »Heldentod« durch Feindeinwirkung, hat mir meine Mutter allerdings nie erzählt, obwohl sie es wusste. *(Jürgen Reulecke)*

Ich war sechs, als die Nachricht vom Tode meines Vaters zu uns kam und meine Mutter einen ganzen Tag weinte und ihre beiden Kinder vernachlässigte (aber nur an diesem Tag). *(Volkmar Wittmütz)*

Er kam 1945 in Gefangenschaft und kehrte 1955 zurück. Er kam in meinem 25. Lebensjahr in die Familie, aber hatte seine Macht über mich verloren. Ich habe ihn bewundert, verehrt und gelegentlich wegen seiner Strenge gefürchtet. Vertrauensvoll geliebt? Nein. *(Peter Dehmel)*

Ich war vier Jahre und neun Monate alt, als mein Vater starb. Ich erinnere mich, dass ich bei der Nachricht von seinem Tod, die meine Mutter allen Verwandten und Mitbewohnern in der gemeinsamen Küche überbrachte, lange geheult habe. Alle heulten, und die Cousinen trösteten so schön. Die Beerdigung war spannend. Dass er da vorne in der Kiste liegen sollte, konnte ich nicht glauben, sie schien so klein. Die Schwester ermahnte mich, das nicht so laut in der Kapelle zu sagen.

Ich habe noch viele Erinnerungen an ihn, aber die emotionale Erinnerung ist immer blasser geworden, so dass einzelne Episoden wie Inseln aus dem Vergessen ragen, und heute kann ich nicht immer genau sagen, ob sie tatsächlich Erinnerungen meiner Erlebnisse sind oder Konstruktionen aus Erzählungen und Wunschbildern. Ich erinnere mich an meinen Vater als humorvoll, dröge und auch fürsorglich – er reinigte die Wagenschmiere-Flecken auf den gehassten weißen Sonntags-Strickstrümpfen mit Benzin, bevor wir vom Spielen im Fuhrhof zum Mittagessen dreckig nach oben gingen und vor die gestrengen

Blicke der Mutter treten mussten. An eine einzige Ohrfeige erinnere ich mich: Ich hatte gelogen. Bevor ich nicht die Wahrheit gesagt hatte, durfte ich nicht in die Stube, sondern blieb auf dem dunklen Flur. Durchs Schlüsselloch sah ich die anderen im Lampenschein, ich donnerte wütend mit dem Fuß gegen die Tür. Die öffnete sich plötzlich: Vaters eine Hand fuhr heraus und packte mich, die andere versetzte mir eine unerwartete Ohrfeige, und die Tür schloss sich wieder. Ich war still. *(Arnold Herwig)*

Den Zeitpunkt meiner Geburt habe ich später ironisierend als »nach Stalingrad und gerade vor Karneval« eingeordnet, um meine häufig wechselnden Lebensbestimmungen zu erklären. Mein Vater war nach der Promotion in Berlin 1935 als Unterarzt in das 100 000-Mann-Heer bei der Kavallerie eingetreten, deren Einheiten für den Kampf im Krieg mit Panzern ausgerüstet wurden. Zum Zeitpunkt meiner Geburt befand er sich im Kaukasus, etwa 6 000 Kilometer von Hannover (unserem damaligen Wohnort) entfernt. Er hat mich zweimal gesehen: im Sonderurlaub aus Anlass meiner Geburt und in seinem letzten Urlaub im Mai 1944.

Ich selbst habe im Unterschied zu meinen Brüdern, die in der Kindheit ihr Vorwissen immer gegen mich ausspielten, keine persönlichen Erinnerungen an meinen Vater. Dieser hatte 1941 ein Testament gemacht, das er nach meiner Geburt nicht auf den neuesten Stand brachte, so dass mein Name darin fehlte. Meine Brüder leiteten daraus, um mich zu hänseln, schon früh die Schmähung ab, man habe mich im Wald beim Beerensuchen gefunden und ich sei ein Kind minderer Herkunft. Diese Nichterwähnung hat mein Vaterbild zunächst im Unterbewussten schwer beschädigt.

Mein Vater wurde nach dem 24. August 1944 für vermisst erklärt. Seine Einheit, die 13. Panzerdivision, deren Divisionsarzt er war, war inzwischen aus dem Kaukasus bis nach Moldawien gelangt. Nach Berichten eines 1949 heimkehrenden Lehrers und Oberleutnants, der der letzte Weggefährte meines Vaters war, soll sich dieser, während er mit einem Spähtrupp unterwegs war, vergiftet haben. Gründe für den Freitod seien die Ausweglosigkeit der militärischen Lage, die Furcht vor der sowjetischen

Kriegsgefangenschaft und ein fataler Unfall gewesen, den mein Vater verschuldet habe. Aus Unachtsamkeit und vielleicht unter Alkoholeinfluss habe er einen deutschen Major der Panzertruppen angeschossen, so dass man diesen mit Bauchschuss habe zurücklassen müssen. Der einzige Bruder meiner Mutter, Schwager, Vetter und bester Freund meines Vaters, hat vor dieser Nachricht alle möglichen Recherchen unternommen. Die Spuren verlieren sich jedoch am Pruth im damaligen Rumänien in der Nähe der Dörfer Cimislia und Taraklia. *(FRH)*

Im Alter von 53 Jahren begann ich, mich mit meinem Vater zu beschäftigen. Es war Neugierde, ich wollte wissen, was er während des Krieges gemacht hatte (denn darüber gab es in meiner Familie angeblich keine Kenntnisse) und wie er zur NSDAP stand. Letzter Anstoß war die Iserlohner Tagung zu »Söhne ohne Väter«. In Bezug auf mich hieß es in der Familie: »Der ist wie Vater.« Wie wahr diese Aussage geworden ist, habe ich bis vor kurzem nicht gewusst und nicht geahnt, denn als ich mich jetzt mit dem Leben meines Vaters beschäftigte, kristallisierten sich knapp zwanzig Parallelen heraus. Nur ein Teil davon ist darauf zurückzuführen, dass ich dazu gedrängt wurde, den Vater zu kopieren, zum Beispiel bei der Berufswahl. Andere Übereinstimmungen scheinen mir genetisch bedingt. *(Jürgen)*

Lebenslange Suche und Erinnerungen

Gab es in Ihrer Biografie einen wichtigen Anstoß, sich intensiver mit der Bedeutung Ihres Vaters für Ihr Leben zu befassen? In welchem Alter und in welchen Lebenssituationen hat Sie der fehlende Vater erneut in Ihrem bisherigen Leben beschäftigt?

Nach Aussagen eines überlebenden Soldaten versuchte mein Vater, sich Ende April 1945 mit einigen Soldaten und drei Offizieren von Berlin nach Westen durchzuschlagen. In einem Wald bei Schopsdorf sollen sie von russischen Truppen gestellt worden sein. Mein Vater soll das Kommando gegeben haben, sich zu ergeben. Ein junger Leutnant schoss jedoch und konnte fliehen. Die Russen nahmen die Soldaten gefangen und erschossen die drei verbliebenen Offiziere sofort durch Genickschuss. Der überlebende junge Offizier kam nach Hause, meldete sich aber nicht bei uns. Erst einer der Soldaten, der zu der Gruppe gehörte, unterrichtete meine Mutter im Herbst 1945. Bis dahin hatten wir immer noch auf ein Lebenszeichen meines Vaters gehofft. In meiner Erinnerung blieb er ein Vater von 47 Jahren, kein junger Mann, ein liebevoller Vater, der erzählen, singen und mit dem man sprechen konnte. Ein Vater, der sich nie rechtfertigen und Ausreden erfinden musste – den man lieben konnte und lieben kann bis zum Lebensende.

Ich habe mich immer wieder gefragt, was einen Mann von 47 Jahren mit Frau und Kindern, der zwar formell Mitglied der NSDAP und im NS-Fliegerkorps war, aber kein Nationalsozialist, bewogen hat, Anfang 1945 wieder in sein Lazarett nach Brandenburg zu gehen und sich nicht im Anschluss an seinen Urlaub krank schreiben zu lassen. Es war wohl seine Vorstellung von einem deutschen Offizier.

Anfang 1946 ging ich zusammen mit dem circa zehn Jahre älteren Hortenführer der 1945 in Minden neu gegründeten Deutschen Jungenschaft in der Tradition von d. j. 1.11[7] schwarz über die Grenze in die sowjetische Besatzungszone und besuchte das Dörfchen Schopsdorf (Todesort des Vaters), um dort seine Papiere, die man bei ihm gefunden hatte, abzuholen und das Grab meines Vaters zu besuchen. Ich gewann so einen festen Ort, den ich mit dem Tod meines Vaters verband. Meine Mutter hat das Grab bis zu ihrem Tod 1994 nie besucht, sondern immer nur Pakete an die Familie geschickt, die die Pflege des Grabes übernommen hatte. *(Wolfgang Hempel)*

Ich habe mich sehr früh mit meinem Vater beschäftigt: in einer Mischung aus Liebe und Furcht. Ich habe immer wieder an ihn gedacht, bis ich Anfang der Achtziger mit ihm »redete« und *Nachgetragene Liebe* schrieb. *(Peter Härtling)*

Der tote Vater taucht in vielen Zusammenhängen auf, zumal er als Wehrmachtsoldat umkam und die Zeit des Nationalsozialismus und der von dessen Anhängern entfesselte Weltkrieg im Zentrum der geistig-moralischen Selbstfindung Nachkriegsdeutschlands stand – und bis heute steht. Selbst nach Jahrzehnten ist das Geschehen noch nicht endgültig bewertet, obwohl an den Fakten des politischen Umbruchs, des rassentheoretischen Plans und der Kriegsziele, die der »Führer« noch in seiner eigenen Lebenszeit verwirklicht sehen wollte, nicht mehr gedeutet wird. Das dunklere und kontroverse Kapitel ist die Frage der »Lehren«, die daraus zu ziehen sind. Die anscheinend notwendige »Umwertung der Werte«, die vorgenommen werden muss, um jenes nationale Bewusstsein zu schaffen, das eine Wiederholung des Geschehens unmöglich macht und Deutschland in die Gemeinschaft der Völker zurückführt. Es gelingt kaum, den Vater aus diesen Debatten ganz auszuklammern, doch erzwingt die liebenswerte Erinnerung an ihn und zugleich die Kenntnisnahme der schauerlichen Verbrechen des Dritten Reiches einen, wie mir scheint, *heilsamen Zwiespalt:* Zum einen wird man die Verstrickung des Vaters in ein verhängnisvolles Geschehen nicht naiv leugnen können, zum anderen wird man ihn wohl kaum zum persönlichen Repräsentanten einer Menschheitskatastrophe machen können. Inzwischen widerstrebt es mir, mich zum Anhängsel eines sektiererischen und penetranten Vergangenheitsbewältigungsbetriebs zu machen, wonach der Vater posthum noch einer antifaschistischen Verhörpraxis unterzogen gehört.

Mir kam damals, mehr unbewusst als bewusst, der Gedanke, ob es mir nicht besser erginge, wenn mein Vater noch lebte. Die gelegentlichen Bemerkungen der Mutter: »Wenn der Vater am Leben wäre, müsstest du noch ganz anders spuren«, begann ich zu bezweifeln ... Es gab kein Aussteigen aus der Welt, so wie sie mich umgab. Es war wiederum eine Bemerkung der Mutter nach dem Kriege, die mich in dem Gedanken bestärkte, mit dem Vater wenigstens in einem Geisterreich weiterzuleben. Sie hätte das feste Gefühl, sagte sie einmal, Vater habe vom Jenseits aus mitgeholfen, dass unser Haus Bombenangriffe und Nachkriegswirren so heil überstanden hatte. Ich nahm das in kindlicher Manier ernst und habe den nur noch in der Erinnerung existierenden Vater zu meinem Beschützer aus dem Jenseits gemacht. Denn ein strenger oder gebietender Vater im Diesseits konnte er nicht mehr sein, als solcher auch nicht herbeigewünscht werden. Doch die Rolle eines Schutzengels war für ihn noch frei!
(Martin)

Ein gewisses Interesse an meinem Vater begann erst, als mir seine Jugendfreunde davon erzählten, er habe in seiner Jugend zum Tanz aufgespielt, habe auf seinen Schultern ein Pferd hochheben können und sei ein guter Reiter gewesen. Das war mir wichtiger als seine Frömmigkeit, die mir das Bild auf den Menschen, auf den Mann verstellten. Als ich dann noch erfuhr, dass er (vor seiner Ehe mit meiner Mutter) verlobt gewesen war, konnte ich durchatmen – und mir mein heimliches Bild von ihm schaffen. *(Karl-Heinz)*

Wann ich mich zum ersten Mal mit meinem Vater befasst habe, vermag ich nicht zu sagen. Es gab ja keinen Anlass. Wohl hatte ich häufig Sehnsucht nach Geschwistern, insbesondere nach älteren Brüdern, die Ähnlichkeiten mit mir hatten, mich beschützen würden. Die Sehnsucht war einfach zu umfassend, und es kamen ja immer wieder durch Trennungen von Personen und Orten neue, andere Sehnsüchte hinzu. Meine zweite Pflegemutter sagte mir, als ich sie im Alter von 18 Jahren wieder traf, sie hätte kaum einen Mann ins Haus bringen können, weil ich den dann gleich als Vater/Vati vereinnahmen wollte. *(Rainer John)*

Bis heute beschäftige ich mich ständig und unablässig mit meinem Vater. Was wäre aus mir geworden, hätte ich seine Anregungen bekommen? Gefühl größter Sehnsucht. Jeder noch so geringe Anstoß war Grund, mich mit meinem fehlenden Vater zu beschäftigen. *(Siegmund)*

Stets habe ich mich an meinem Vater gemessen. Als meine erste Ehe länger bestanden hatte als die Ehe meiner Eltern, war ich recht stolz. Mein Vater war zweimal verheiratet und zweimal geschieden. Als dann meine zweite Ehe in die Brüche ging, machte mir der Gedanke sehr zu schaffen, dass ich nun genauso weit gekommen sei wie mein Vater. Dabei wollte ich doch alles besser machen. *(Ernst)*

Es gab zwei wichtige Anstöße, mich erst in der Erwachsenenzeit mit meinem Vater intensiv zu beschäftigen: das Geschenk der väterlichen Briefe aus dem Weltkrieg an meinen schwer erkrankten Bruder und das unvermutete Auftauchen eines Halbbruders.

Als Student besuchte ich einmal die Freundin meines Freundes bei ihrer Mutter. Beim Spazierengehen sagte sie mir, dass sie so gut wie gar nichts von ihrem im Krieg gefallenen Vater wüsste. Ihre Mutter hätte dazu immer geschwiegen. Erst damals ist mir bewusst geworden, dass ich in einer vergleichbaren Lage war. Interessant ist nun, dass ich diese Frau beim 60. Geburtstag meines Freundes wieder traf, und als ich ihr von dem damals geführten Gespräch berichtete, fiel sie aus allen Wolken: Sie glaube gewisslich, dass sie sich erst in dem letzten Jahrzehnt, also weit später, mit ihrem Vater beschäftigt habe ...

Gefühl? Keine Sehnsucht, keine Enttäuschung, keine Vorwürfe: extrem hohes Verständnis für die höchst prekäre und schwierige Lage, in der mein Vater als Pfarrer lebte. Zugleich Entzauberung der heroischen Rolle meines Vaters: Er gehörte zum Kreis Niemöllers, hatte Juden getauft und war dafür zwei Tage in Untersuchungshaft. Das war fast das Einzige, was meine Mutter von meinem Vater erzählte. Das außer der Verehrungshaltung kollektive Schweigen über meinen Vater erkläre ich mir heute aus einem tabuisierten Familiengeheimnis: Mein Vater hat vor der Ehe mit einer Engländerin ein Kind gezeugt, was ihn als Pfarrer in eine extrem schwierige Situation gebracht hat. Offenbar hat er dies meiner Mutter zu seinen Lebzeiten verschwiegen. Seine Familie wusste es aber. *(Günter Oesterle)*

Vermisst habe ich meinen Vater als Beistand: Als letztgeborenes Kind bin ich in den Augen meiner Großmutter nicht mehr erwünscht gewesen, und meine Mutter stand sehr unter ihrem Einfluss; sie war ihre Stiefmutter. Mein Vater muss jedoch sehr stolz auf mich gewesen sein; das habe ich allerdings erst im fortgeschrittenen Erwachsenenalter von früheren Nachbarn erfahren. *(Norbert)*

Ich wusste ja nichts von ihm. Die Ahnung, und mit ihr vielleicht auch eine Sehnsucht, kam erst mit der Pubertät. Recht besehen, hatte ich ja auch nicht einmal eine Mutter. Auch die habe ich nicht vermisst. Es gab immer jemanden, der sich um uns kümmerte. Ich hatte eine gute elternlose Kindheit. Auf meinen Vater kamen wir nie zu sprechen. Der war irgendwie verschwunden. Damit war das Thema erledigt.

So recht zu Bewusstsein kam mir meine Vater- und Mutterlosigkeit erst mit den eigenen Kindern. Mit der Geburt unserer ältesten Tochter begann ich, meinen Vater zu suchen. Seine Spur verlor sich für mich in Kanada. Dort gab ich Anzeigen auf. Ohne Erfolg. Immerhin stieß ich in Deutschland auf seinen Bruder. Ein Stück Familie war gefunden. Ich sehe meinen Vater zum ersten Mal viele Jahre später, als er achtzig und ich fünfzig Jahre alt bin. Ein mir in jeder Hinsicht fremder Mann hebt die Hand und ich weiß: So hebe auch ich die Hand. Wir hatten uns noch nie gesehen, aber in vieler Hinsicht ähneln wir uns auf verblüffende, erschreckende, beglückende Weise. *(Henning Schüler)*

Wie ist das so harte, ichbezogene, fordernde, starre Verhalten, wie sind seine engen Moralvorstellungen zu erklären, die er in seinen letzten Lebensjahren in der Familie und auch im Umgang mit seinen Freunden immer stärker zeigte? War ihm bewusst, wie er die Menschen verletzte, die ihm nahe standen? Wie konnte er damit leben? Bei meiner Spurensuche stoße ich auf Fragen: nach seinem Weg zum Offizier im NS-Regime; nach seiner Mitwisserschaft zum 20. Juli 1944; nach seiner freiwilligen Auslieferung an die US-Militärs; nach seinem tatsächlichen Streben um Anerkennung, Geborgenheit, Zartheit. Wo wollte er eigentlich hin? Hatte der Weg ein Ziel oder war der Weg das Ziel? War er zufrieden, als er starb?

Ab meinem 50. Lebensjahr habe ich mich erneut mit dem fehlenden Vater beschäftigt: in der Aufarbeitung traumatischer Erinnerungen meiner beiden Brüder; bei der systematischen Durchsicht des historischen Archivs meines Vaters; in der politischen Gegenwartsanalyse; im Bestreben, seine Weltsicht nachzuvollziehen. Als mein Vater als Offizier von aller Welt verehrt und bewundert wurde, bewegte ich mich in seiner Aureole. In der Pubertät, als mein Vater hinter Stacheldraht und Gefängnismauern verschwand, verklärte und vernebelte sich sein Bild. Ich gewann eine wunderbare Unabhängigkeit und Bündnisfreiheit. Nach seiner Rückkehr (1955) zunächst neugierige Toleranz, dann Distanz. Jetzt: zunehmende Hochachtung. *(Peter Dehmel)*

Zu meinen sichersten Erinnerungen zählen Spaziergänge an der Hand meines Vaters zum Eisessen oder zum Wochenmarkt, in den kleinen Schreibwarenladen mit Spielzeug an der Ecke und an das Gutenachtsagen nach dem Abendbrot. Dann saß er in seinem Sprech-/Arbeitszimmer und lernte offensichtlich Sprachen (er beherrschte Lateinisch/Italienisch, Alt- und Neugriechisch, Französisch, Spanisch, Englisch, Russisch, Persisch, Arabisch, Türkisch und einige Dialekte), wobei er Papyrossi-Zigaretten aus Russland rauchte. Meine Mutter saß daneben und las. An die durch Fotos belegten Badeferien an der Ostsee kann ich mich nicht mehr erinnern, aber an Besuche bei Verwandten in Berlin und insbesondere an Winterurlaube bei der Schwester meiner Mutter, die ein Bauernhaus am Fuß der Waxensteine in Obergrainau bewohnte. Die Familienberichte wie auch die Fotos zeigen mich als fröhliches, aktives, blondes und wohl energisches Kind, gut behütet von seinen Eltern und von seinem großen Bruder, der ihn allerdings nicht immer mitspielen ließ. Ich erinnere mich nur an wenige Ängste aus meiner Kindheit.

Nach der Einberufung meines Vaters im Herbst 1939 sah ich ihn nur anlässlich der jeweils kurzen Fronturlaube. Mein älterer Bruder erinnert sich an heftige Vorwürfe meiner Mutter, dass er trotz seines Alters immer noch im Fronteinsatz war. Ich habe diesen Besuch im Herbst 1944 offenbar wegen der Umstände verdrängt. Nach der Nachricht von seinem Tod zog sich meine Mutter mindestens zwei Tage zurück und begann dann – erstarrt und jetzt mit völlig weißen Haaren – unser Leben weiter in die Hand zu nehmen. Wir haben damals über seinen Tod nicht gemeinsam getrauert, und ich habe sie seitdem bis zu ihrem Tode nie mehr weinen sehen. Mein Vater war danach, wenn auch in innerlicher Distanz, präsent. Es ist auch heute noch schwer, diesen Zustand zu beschreiben. Meine psychoanalytische Weiterbildung und auch meine diesbezüglichen Forschungsinteressen spiegeln ebenso meine andauernde, mir unbewusste Suche nach dem Vater wider.

Trotz all meiner Bemühungen, einen brauchbaren Vater (wieder) zu finden, hatte ich mich äußerlich mit meinem wirklichen Vater insoweit arrangiert, dass es eine abgeschlossene Phase meines Lebens zu sein schien. 1985, also mit 50 Jahren, begann ich als neues Forschungsprojekt eine Erkundung der »Entwicklungs- und Veränderungsmöglichkeiten von 50- bis 70-Jährigen mit Hilfe langfristiger psychotherapeutischer Behandlungen«. Ich erlebte damals eine für mich (und meine Frau) beunruhigende und erschreckende Wiederholung meiner Kindheitssituation: Ich zog mich zurück, kapselte mich ab und reagierte depressiv. Erst allmählich verstand ich, dass ich mit diesem Forschungsprojekt meine eigenen Entwicklungs- und Veränderungsmöglichkeiten erkunden wollte und dass mich meine Biografie durch die parallele Behandlung von so vielen »Kriegskindern« und speziell von Jungen dieser Zeit eingeholt hatte. Eine schmerzliche Selbstanalyse ermöglichte mir dann, der Mann zu werden, der ich heute bin. Ich begriff, dass ich weder von meinem Vater Abschied genommen noch mich mit ihm auseinander gesetzt hatte. Um 50 herum werden die Delegationen, die benutzten Krücken, brüchig; die vorangehende Generation schwindet, und endlich werden die Fragen erlaubt: Wer bin ich und was will ich? Ohne Vater und dazu verarmt kam ich mir oft als zur damaligen Welt nicht zugehörig vor. Ein einziges Mal begegnete ich während einer Famulatur einem Oberarzt, der als Medizinstudent bei meinem Vater 1942 in Griechenland Soldat war. Wie stolz war ich, als er begeistert von meinem Vater erzählte. Sonst fragte mich während meines Medizinstudiums nie jemand nach meinem Vater. *(Hartmut Radebold)*

Die systematische Beschäftigung mit Vater hat sich in den letzten Jahren sehr intensiviert, teilweise wegen der Iserlohner Tagung zum Thema »Söhne ohne Väter«, hauptsächlich aber wegen des Bemühens, das nebulöse Naziskelett im Kleiderschrank kennen zu lernen. Mein Bruder forschte dankenswerterweise systematisch nach Vaters Akte im Bundesarchiv, und es scheint, als würden wir nun bei der Gauck-Behörde fündig. Mittlerweile haben wir unter den Geschwistern brieflich auch unsere Erinnerungen an den Einfluss des Nationalsozialismus und des Antisemitismus in unserer Sozialisation durch unseren Vater ausgetauscht. Meine Schwester kann mit dem in der Familie wie eine Ikone verehrten Vaterbild offenbar nicht kritisch umgehen. In den ersten Jahren nach Vaters Tod leitete Mutter eine Art ärmlich-kitschige Vaterverehrung ein: Ein Porträtfoto wurde mit fünf herzförmigen roten Wandvasen umringt, in die wir immer

Blumenschmuck tun sollten. An der Frische der Blumen ließ sich wohl der Grad der Trauerleistung messen ... Durch meine Frau lernte ich vor dreißig Jahren meinen Schwiegervater kennen, den ich »Vadder« nenne, und bei dem ich mit Wonne Sohn sein kann. Es ist herrlich einen Vater zu haben, den man auch so nennen darf. *(Arnold Herwig)*

Seit ich erwachsen bin, ist mir mein Vater in mancherlei Weise gegenwärtig geworden. Früher habe ich mir seinen Rat und seinen Rückhalt gewünscht. Doch da ich nicht weiß, ob tatsächlich ein tragfähiges Vertrauensverhältnis zwischen uns bestanden hätte, blieb das ein diffuses Verlangen, in dem die Melancholie des sich ausgeschlossen fühlenden Kindes zeitweise nachlebte. Der fehlende Vater wurde mir aber auch bei Erfolgen bewusst, wenn ich diese zu Leistungen stilisierte, die mir trotz der ungünstigeren Ausgangsbedingungen des Vaterlosen gelungen seien: Die Versagenserfahrung nährte gewissermaßen einen Selfmademan-Stolz. Wohl typisch für mein Lebensalter, stehen mir Kindheit und Jugend wieder lebendiger vor Augen und ich denke über Herkunft und Lebensweg nach: Wie hat er mich »vorbestimmt«, biologisch, sozial, und wie hätte sich mein Leben anders gestaltet, wenn er aus dem Krieg zurückgekommen wäre? Dann denke ich auch an ihn als den Mann meiner Mutter. Seit mir bewusst ist, was die Witwen des Zweiten Weltkrieges geleistet und entbehrt haben und wie gemindert für viele das Leben verlaufen ist, kam mir natürlich, wenn ich das meiner Mutter im Leben Entgangene bedacht habe, auch mein Vater in den Sinn.

Mein Grundgefühl mit Blick auf ihn war bis weit in die Jugend hinein wohl vor allem vage Sehnsucht. Ich empfand immer neu die Versagung, anders als die meisten Spielkameraden, ohne den Schutz durch und den Stolz auf einen Vater zu sein, ohne seine Zuneigung, ohne seine Anleitung in vielem, was ein Bubenleben reizvoll macht, auch ohne die materiellen Möglichkeiten. Ich habe mir das Vater-Sohn-Verhältnis gewiss verklärt vorgestellt, vor allem konfliktarm, und hauptsächlich die Vorteile gesehen, die mir entgingen, kaum jedoch die möglichen Belastungen durch eigene Abhängigkeit oder durch Spannungen zwischen den Eltern. Genährt wurde das Gefühl, von Schönem und Wichtigem ausgeschlossen zu sein. *(WKB)*

Ich kann mich noch gut erinnern, dass mich mein Vater im Urlaub Sonntag vormittags mit in seine Stammkneipe genommen hat. Dort waren immer viele Soldaten, ich bekam »Kinderbier« (Limonade) zu trinken. Der Anstoß, mich mit der Bedeutung meines Vaters zu beschäftigen, kam eigentlich erst beim Lesen des Buches *Abwesende Väter* von Hartmut Radebold. Vorher hatte ich wahrscheinlich durch Schule, Familie und Beruf andere Prioritäten zu setzen, so dass das Vater-Thema nicht bewusst für mich eine Rolle spielte. Erst nach meiner Pensionierung hat mich der fehlende Vater beschäftigt. Anlass war das Buch. Ich habe mir oftmals gewünscht, wie meine Mitschüler und auch Freunde, mit mehr Stärke und Selbstbewusstsein aufzutreten. Da hatte ich manchmal das Gefühl, als »Muttersöhnchen« angesehen zu werden und hätte mir einen starken Vater gewünscht, der sich auch gegenüber meiner übervorsichtigen Mutter durchgesetzt hätte. *(Helmut Schlotmann)*

Mein Vater begann mich im Studium zu beschäftigen, vor allem aber jetzt, wo ich Briefe meines Vaters an meine Mutter entdeckt habe. Sie schrieben sich während des Krieges drei Mal in jeder Woche; wenn einer von beiden säumig wurde, verursachte das Sorge auf der anderen Seite. Es waren sehr liebevolle Briefe. Angerührt hat mich, dass mein Vater aus einer Todesahnung heraus meiner Mutter Hinweise für die künftige Erziehung der Kinder schickte. Meine Mutter sprach von ihm bis zu ihrem Tod. *(Volkmar Wittmütz)*

Ein Bild von ihm hing schon immer an der Wand des Schlafzimmers, emotional positiv besetzt, aber nicht viel mit Erzählungen verbunden. Meine Mutter hat, zusammengerechnet, nur etwa zwei Jahre mit ihm gelebt. Der Entwicklung positiver Gefühle für meinen Vater wirkten in der Schulzeit zwei wichtige Faktoren entgegen: das Wissen um seine SA-Mitgliedschaft und nationalsozialistische Überzeugung und der Kirchenaustritt meines Vaters. Beides führte zu einer Entschlossenheit, jedenfalls dieses väterliche Erbe nicht anzutreten. *(Siegfried)*

Zum ersten Mal habe ich mich intensiver mit meinem Vater befasst, als zu meiner Konfirmation der Brief verlesen wurde, den er bald nach meiner Geburt an mich geschrieben hatte, in dem er seine Freude bekundet hatte, dass ich der Stammhalter wäre und damit den Namen Meseth in die nächste Generation tragen würde. *(Johann Meseth)*

Ein wichtiger Anstoß zur Annäherung an dieses Thema war die Teilnahme an der Tagung »Söhne ohne Väter«. Zu dem Zeitpunkt war ich 65 Jahre alt, der mögliche Todeszeitpunkt meines Vaters liegt über 60 Jahre zurück. Das intensivere Erinnern findet also erst sehr spät statt. Zumindest solange meine Mutter lebte, hätte ich mehr über ihn erfahren können. Ein kleiner, schwacher Trost: Als ich kürzlich mit einem Freund darüber sprach, wie gern ich meinen Vater nach diesem oder jenem fragen möchte und dass dies durch den frühen Tod nicht möglich sei, beklagte auch er dieses Versäumnis. Sein Vater starb vor ein paar Jahren und ist 90 Jahre alt geworden. Ist es vielleicht ein Grundgefühl von Söhnen und Töchtern, im Alter mit bestimmten Fragen an ihre eigenen Eltern immer zu spät zu kommen?

Ein weiterer Anstoß war der Aufruf des Deutschlandfunks, der Redaktion Feldpostbriefe aus dem Kessel von Stalingrad zu schicken. Ich habe erst gezögert, weil ich viele ähnliche Briefe schon gelesen hatte und die meines Vaters sich davon nicht sehr unterschieden; außerdem erfuhr ich, dass der Redaktion schon viel Material zugegangen war. Ich habe trotzdem vier Briefe eingereicht und war überrascht, schon bald Anfragen aus Köln zu erhalten, ob ich damit einverstanden sei, die Briefe auch noch für eine Dokumentation zu verwenden. Denn, so die Begründung, die Mehrheit der Briefe sei sehr einförmig, während sich aus den Briefen meines Vaters ein sehr plastisches Bild vom trostlosen Alltag der Soldaten ergäbe. Auch habe er offensichtlich keine Angst vor der Zensur gehabt und belastende Erfahrungen berichtet. In diesem Zusammenhang schmerzt mich aufs Neue, dass ich beim Auflösen der Wohnung meiner Mutter ihre (vielfach ungeöffnet zurück gekommenen) Briefe und die überwiegende Mehrzahl seiner Briefe weggeworfen habe. Traditions- und Geschichtslosigkeit eines knapp Dreißigjährigen! Jetzt höre ich, von einem Radiosprecher gelesen, gleichsam seine Stimme, und das trifft mich deutlich tiefer als die anderen Briefausschnitte.

Im Zusammenhang mit der Debatte um die Aufarbeitung der Vergangenheit hat Adorno 1959 gesagt: »Die Ermordeten sollen (von denen, die sich nicht erinnern wollen) noch um das einzige betrogen werden, was unsere Ohnmacht ihnen schenken kann, das Gedächtnis.«[8] Im privaten wie im beruflichen Leben war es mir immer ganz wichtig, das Gedächtnis an die Menschen aufrecht zu erhalten, die in Deutschland zum Schweigen gebracht wurden, vor allem Juden, Homosexuelle, Linke, Behinderte und andere, denen das Recht auf ein erfülltes Leben kaltschnäuzig genommen wurde. Erst seit kurzem ist mir bewusst, dass dazu auch Menschen gehören wie mein Vater, der – vielleicht zögerlicher Mitläufer – in Stalingrad sinnlos verheizt wurde. Und ich erschrecke darüber, dass ich das Gedächtnis an ihn, an sein ungelebtes Leben, an seine durch Maßlosigkeit und Wahn der Heeresleitung zerstörten Hoffnungen, an seine Ängste und seine bittere Verzweiflung so lange nicht stärker in meinem Bewusstsein getragen habe. Das macht mich traurig und ich frage nach den Gründen, ohne bisher eine einleuchtende Erklärung zu finden. Ganz besonders schmerzhaft empfand ich den Verlust des Vaters in der ersten Hälfte der fünfziger Jahre, als viele Gefangene aus Russland zurückkehrten. Ich erinnere mich noch gut, wie angespannt wir damals vor dem Radio saßen und die Namen hörten, und mir dann die Tränen kamen. Ich wollte dann allein sein mit meinem Schmerz. Es erfüllte mich damals eine starke Sehnsucht, diesen vermissten Vater endlich bewusst erleben zu können, endlich eine komplette Familie zu haben, dass meine Mutter auch ihren Mann zurückbekäme und von mir ein Stück Verantwortung genommen würde. *(Heinz-Günther Risse)*

Sein Leben war mit 39 Jahren beendet. Seit meinem 40. Geburtstag war mir das in allen meinen Lebenssituationen auch bewusst. *(Walter Gerschler)*

Auf der Flucht und im Elend der Nachkriegsjahre kam es zuerst darauf an, die Kinder zusammenzuhalten, aufzupassen, dass keins verloren ging, verhungerte oder erfror. Es muss für meine Mutter eine sehr schwere Zeit gewesen sein. Ich habe als Kind die Jahre 1944–1946 seelisch besser überstanden als die dann folgenden Jahre 1947–1952. Im Unterschied zu vielen Gleichaltrigen hatte ich ab 1947 einen Vater, aber mit dem war nichts anzufangen. Und der Verdacht wurde immer stärker, dass er auch selbst mit sich nichts anzufangen wusste. Die Briefe, die meine Eltern in den Jahren 1945/46 fast täglich gewechselt haben, sind alle noch vorhanden. Ich habe es bisher weder über mich gebracht, sie zu lesen, noch sie wegzuwerfen. *(Dirk Haberstet)*

Bei seinem letzten Urlaub im Sommer 1943 hat er auf dem Boden gesessen und mit mir mit Bauklötzen gespielt; irgendwie schwebt mir ein mich faszinierender Brückenbau vor. Er verunglückte am 15. September 1943 bei dem Versuch, einen im Schlamm stecken gebliebenen Armeelastwagen in die Luft zu sprengen, um ihn nicht unbeschädigt in die Hände der nachrückenden Russen fallen zu lassen; er lebte schwer verletzt noch ein paar Stunden und wurde von seinen Kameraden dann ein Stück weit mitgenommen, bis sie ihn nach seinem Tod am Ortsausgang eines Dorfes beerdigen konnten.

Eine eher heroisierende Beschäftigung mit meinem Vater erfolgte, als ich als 16- oder 17-jähriger Führer einer Jungengruppe nachts am Lagerfeuer oder im Zelt Geschichten erzählte: Ich weiß, dass ich mehrfach das mir von meiner Mutter vermittelte Wissen über den Tod meines Vaters heldenhaft ausgeschmückt und als spannendes Kriegsabenteuer, vermischt mit Lesefrüchten über Kriegsereignisse, weitergegeben habe. *(Jürgen Reulecke)*

Die eigene Kindheitszeit wird zum Spuk, zum Schmierentheater ohne Gelächter, aber mit Schmerzensschreien. Beim Umgehen mit meinen Söhnen begann ich, mich mit meinem Vater zu beschäftigen. Und so ist es immer noch. *(Gernot Lieck)*

Ich denke an den Tag, als der Papa wegfuhr und die Mama beim Abschied leise sagte: »... musst dich nicht immer ganz vorne hinstellen!«, und er antwortete: »Wenn ich schon ein Soldat sein muss, dann bin ich ein guter Soldat.« Schon nach ein paar Wochen war er Unteroffizier und kommandierte eine ganze Granatwerfergruppe. Die liegen immer in der vordersten Linie. Mein Vater war also immer ganz vorne, und nun hatten ihn die Russen erwischt. »Die Besten trifft es, die Besten fallen« – dieser Spruch hängt daheim über der Küchentür. Mein Vater war einer der Besten und jetzt ist er ein toter Held. Und ich, der Junge, bin ein Heldensohn. Irgendwie kommt mir auch die Erinnerung, dass der Papa eigentlich keine zackigen Lieder gesungen hat, wenn er mit der Gitarre auf dem Kanapee saß. Seine Lieder waren immer lustig. *(Otto Schricker)*

Sein Bild setzte sich aus Erzählungen der Verwandten zusammen und wurde im Lesealter ergänzt durch eine handgeschriebene Familienchronik, eine Kiste mit medizinischen Büchern und Instrumenten sowie Dutzende von Photos, die mein Vater im Lauf seiner Feldzüge geschossen hatte. Er war Leistungssportler, Jäger, Turnierreiter, Photograf, Chirurg, der gut mit seinen Händen umgehen konnte – alles Fähigkeiten, die mir abgehen oder die ich vielleicht auch nicht kultivieren wollte. Während er lieber Hermann Löns und *Brehms Tierleben* las, wurde ich, von meiner Mutter dazu angehalten, zum Bücherwurm, Sprachenliebhaber und Intellektuellen. Leistungssport und Kriegsdienst sind mir gleichermaßen verhasst. In einem Exemplar von *Meyers Handatlas*, den wir Kinder für den Schulunterricht erbten, hatte er fleißig die deutschen Landgewinne, vor allem im Osten, mit Bleistift schraffiert. Je länger der Krieg dauerte, umso desillusionierter wurde er. Möglich, dass die Routine, jeden Tag Verwundete zu operieren und Tote zu sehen, ihn zermürbt und abgestumpft hatte. Meine Mutter wurde selbstständiger, mein Vater begann während eines Lazarettaufenthalts in Bad Pyrmont eine Affäre mit einer Krankenschwester, die die militärischen Nöte und Sorgen vielleicht besser verstand als eine allein erziehende Mutter in der Heimat. Nach dem Verschwinden meines Vaters erhielt meine Mutter von der Feldpost die Liebesbriefe dieser Frau, und das waren die letzten Lebenszeichen ihres Mannes. Eine Mischung aus Enttäuschung und Wut muss sie ergriffen haben, jedenfalls hat sie meinen Vater nie glorifiziert, fairerweise auch nicht verteufelt, aber uns Kinder zu einer kritischen Haltung den eigenen Eltern gegenüber erzogen. *(FRH)*

Für mich begann endgültig die Odyssee eines Heranwachsenden ohne Eltern, d. h. ohne wirkliche Heimat. Sehnsucht nach einem Vater hat wohl bestanden. Ich entsinne mich jetzt wieder eines Waldspaziergangs, ich wies auf einen sich auf einer Bank am Waldrand sonnenden älteren Soldaten und fragte meine Mutter, ob das nicht mein Vater sein könnte. Meine Mutter strich mir über den Kopf, beide Erwachsenen lächelten sich an. Es war eine der vielen Situationen meines Lebens, die beim Erinnern ein »kribbeliges« Gefühl hervorruft.

Nach dem Krieg fand ich ein Pornoheft auf der Straße und brachte es nach Hause. »Mutti, guck mal ...« – »Das hätte dein Vater niemals in die Hand genommen!« Diese Psychokeule schwingt wohl noch immer.

Meine zweite Frau und ich sind Sonderpädagogen. Vererbung und Sozialisation waren zu Beginn unserer Ehe, als schon viele Unterlagen über meinen Vater bei Umzügen verloren gegangen waren, ganz akute Themen. Gespräche über Verhaltensweisen, Grundsätze für berufliche und private Entscheidungen wurden in Relation zu den überlieferten Verhaltensweisen meines Vaters gesetzt. Hierbei drängte sich natürlich die Frage nach seinem Verhalten während des Nationalsozialismus auf. Ich suchte das Gespräch mit meinem ehemaligen Vormund. Kritische Fragen nach seinem Geschäftsgebaren und Opportunismus wurden empört abgeblockt: »Wie können Sie so etwas von Ihrem Vater sagen!« Danach fühlte ich mich wie ein Leichenfledderer; mein Vater war mir sehr fern gerückt. Bei meiner Geburt hinterlegte er bei der Dresdner Bank 65 000 Goldmark zur Absicherung meines Studiums. Außerdem hat mein Vater, der auf vielen Fotos den »Suppenteller« (Abzeichen des Winterhilfswerkes) am Revers trug, ein Geschäft in Dresden »arisiert«, hatte einem polnischen Oberst 5 000 Złoty geliehen und bat meine Mutter, sich die Hände zu waschen, wenn Juden in Polen ihr die Hand geküsst hatten, weil er keinen Knoblauchgeruch abkönne. Mein Vater stellte sich mir facettenreich und voller Widersprüche dar.
(Ernst Schmidt)

Meine Frau, die den Fragebogen gelesen und meinen Kommentar einigermaßen zustimmend abgenickt hat, bemängelt das Fehlen einer Untersuchung über »Töchter ohne Väter«. Meine Frau und auch meine Schwester mussten, da ohne persönliche Vatererfahrung, ausschließlich mit dem über die Mütter vermittelten Idealbild aufwachsen. Wir haben es als Defizit identifiziert, wenn wir in vielen Ehejahren in Streitigkeiten hilflos waren: Wir kannten nichts anderes von unseren Eltern. Das verweist auf höchst aktuelle soziale Phänomene und Probleme. *(Walter Gerschler)*

Ich habe meinen Vater nicht durch den Krieg verloren, aber in gewissem Sinne bin ich ohne Vater aufgewachsen. Wir hatten kein gutes Verhältnis. Er wollte immer einen richtigen Bengel haben. So stellte er mich eines Tages im zweiten Stockwerk auf das Fensterbrett in das geöffnete Fenster: Er wollte mir meine Angst nehmen. Obwohl er mich von hinten festhielt, erreichte er genau das Gegenteil. Meine Höhenangst führe ich noch heute auf dieses Erlebnis zurück. Wäre ich jeden Tag mit einem blauen Auge oder einem zerrissenen Hemd nach Hause gekommen, das hätte ihn erfreut. Aber so war ich doch überhaupt nicht! Ich war Muttis Sohn, der jeder Prügelei aus dem Wege ging. So hatte er es wohl schwer, mich zu verstehen und anzunehmen. Dazu war er mit seinen 22 Jahren noch zu früh Vater geworden. Eine weitere wichtige Rolle spielte das Verhältnis meiner Mutter zu meinem Vater. Es war, was seine Treue betraf, schlecht. Sogar am ersten Tag nach meiner Geburt hatte er keine Zeit, er hatte ein Rendezvous. All diese Kränkungen hatten zur Folge, dass meine Mutter mich mehr an sich band, als das bei einer intakten Partnerschaft der Fall gewesen wäre. Als er eingezogen wurde, soll mein Kommentar gelautet haben: »Dann sind wir ihn los.« Heute denke ich, dass er auch andere Seiten hatte, dafür gibt es auch Belege. *(Ernst)*

Otto Schricker: Kindheitserinnerung[9]

»Es ist Ende August 1942. Der Nachmittag zieht sich hin, aber die Sonne hat noch viel Kraft und brennt unerbittlich von einem seltsam farblosen Himmel auf die ausgedörrten Gärten der kleinen Siedlung. Ein kleiner Junge sitzt auf dem Gartenzaun. Genauer gesagt: Er sitzt auf dem oben abgerundeten Betonpfosten, der den Lattenzaun zwischen den beiden unteren 4-Familien-Siedlungshäusern hält. Er schaut hinaus auf die bleigraue Schotterstraße, dorthin, wo auf einer Verbreiterung, die durch die Einfahrt zu zwei Garagen entstanden ist, ein Haufen von

Jungen Fußball spielt. Sie spielen in zwei Mannschaften auf ein Tor, mit viel Leidenschaft und Geschrei. ›He, komm doch, spiel mit!‹, hatten sie dem kleinen Jungen ein paar Mal zugerufen, denn er war ein guter Fußballer. Aber der schüttelte nur den Kopf und sagte auch nichts, als sie riefen: ›Was hast du denn? Komm halt!‹ Da ließen sie ihn in Ruhe. Was soll's, wenn einer spinnt, dann spinnt er eben.

Das ist der Alltag in der Siedlung: die schreienden, kämpfenden Jungen, die Mädchen, die drüben mit ihren Puppen spielen, einzelne Mütter, die irgendwo in den Gärten herumwerkeln. Für alle ist es so, wie es gestern und vorgestern war, nur für ihn ist mit einem Schlag alles anders geworden. So sitzt er nun mit großen Augen, wie immer den Mund erstaunt halb offen, starrt, versteinert. Er hätte so gerne mitgespielt, aber irgendetwas Schwarzes, Schweres ist in seiner Brust, das ihn zäh und unerbittlich festhält auf seinem Zaunpfahl. Nein, heute kann er nicht laut schreiend oder über ein Tor jubelnd oder streitend auf der Straße herumrennen, denn ab jetzt unterscheidet er sich von seinen Spielkameraden. Er ist noch immer acht Jahre alt, aber zwischen ihm und seinen Freunden ist ein riesiger Abgrund aufgerissen: Er ist der Sohn eines Helden, eines toten Helden; so sagen sie jedenfalls: Heldentod. Nein, er kann nicht mitspielen, vielleicht nie wieder. Sein Vater ist den Heldentod gestorben, er ist ›gefallen für Führer, Volk und Vaterland‹ – sein Vater, dieser große starke Mann, der ihn, als er noch kleiner war, immer vorn auf dem Fahrrad in dem schwarzen Blechsitz mitnahm, mittags, wenn er ihn von der Werkstatt abholte, oder an den vielen Sonntagen, wenn sie zum Schwammerlsuchen in den Hochwald fuhren oder zum Angeln an die Waldnab. Flüchtig geht es ihm durch den Kopf, wie ihm sein Papa einmal unterwegs die Entwicklung der Raupe zum Schmetterling erklärte, oder wie sie einmal in einer Kurve wegrutschten und der Papa ihn hochriss, damit ihm nichts passierte, sich selbst aber dabei das Knie und die Ellbogen aufschlug.

Im Schwimmbad mit dem Vater! Da war keiner, der so gut schwimmen konnte wie er, keiner, der so elegant vom Turm springen konnte wie er. ›So, jetzt wird es aber Zeit, dass du auch schwimmen lernst‹, sagte er und stellte den Knirps auf einen der Startsockel, sprang ins Wasser und rief ihn. Der kleine Junge sprang bedenkenlos hinter dem Vater her. Unter dem Wasser öffnete er die Augen und schaute nach dem Schatten aus, der nun kommen musste, um ihn hochzuziehen. Und der Schatten kam immer. Das war ganz toll ... Dann war der Vater in seiner grauen Uniform weggefahren. Und nun war er tot.«

Lutz Niethammer: From Russia, with love[10]

»1999 fuhr ich durch Osteuropa, um als Regierungsberater für die Entschädigung von NS-Zwangsarbeitern in den einzelnen Ländern nach Schätzungen der Zahl der überlebenden Betroffenen und nach praktischen Wegen zur Verteilung von Mitteln zu suchen. Als ich in Weißrussland war, wusste ich natürlich als Historiker, dass das Ghetto von Minsk eines der schlimmsten östlichen Zentren des Holocaust gewesen war – aber es war doch etwas ganz anderes, mit wenigen jüdischen Überlebenden dort zu stehen, wo das Ghetto einst gewesen war, auf einer kleinen Brache zwischen lauter Plattenbauten. Ich wusste ganz allgemein, dass der deutsche Vernichtungskrieg gegen die slawische Bevölkerung in Weißrussland die größten Kriegsverluste in ganz Europa zur Folge hatte. Am Ende des Krieges war die Hauptstadt Minsk fast verschwunden, und auch andere der größeren Städte wie Mogiljow waren auf die schlimmste Weise betroffen. Am Abend lud mich der Präsident der Jüdischen Gemeinde Weißrusslands zu einem Essen in ein Restaurant ein und brachte eine alte Dame mit, die als Einzige einer großen jüdischen Familie überlebt hatte. Als sie mit 16 Jahren ins Ghetto getrieben werden sollte, war es ihr gelungen, zu entwischen und ihre Identität zu wechseln. Darauf war sie als slawisches Mädchen zur Zwangsarbeit in Industrie und Landwirtschaft ins Reich geschickt worden. Ich war der erste Deutsche, den sie zu Gesicht bekam, seitdem sie 1945 befreit worden war, und die damalige ›Befreiung‹ hatte für sie weitere Repressionen, diesmal durch die sowjetischen Behörden bedeutet. Sie erzählte von harter Behandlung in Fabriken und miserablen Lebensbedingungen in Lagern, von denen sie aber weder die Orte noch die Namen erinnern konnte, aber auch vom menschlichen Verhalten und ausreichendem Essen auf einem Bauernhof in Ostpreußen. Unter Tränen und inmitten all ihrer Übertragungen beharrte sie immer wieder darauf, dass dieser Bauer genauso ausgesehen habe wie ich. Als ich sie fragte, woher sie stamme, klang ihre Antwort für mich wie ›Mahiljòf‹, aber sie half mir, die Deutschen hätten den Ort ›Mógilew‹ ausgesprochen.

Es hatte viele Gründe, dass ich in dieser Nacht nicht schlafen konnte. Einer davon war, dass ein Bild aus meiner frühen Kindheit mir wieder vor Augen gekommen war: eines meiner liebsten unter den wenigen Spielsachen, die wir damals hatten. Es war eine große hölzerne Lokomotive aus russischer Handarbeit. Ich kann mich nicht erinnern, wie sie ankam und ob sie meinem Bruder oder mir gehörte oder uns beiden. Hatte mein Vater sie von der Ostfront geschickt oder hatte er sie als Geschenk bei jenem letzten Besuch mitgebracht, als ich ›Der *dat* soll gehen!‹ gesagt haben soll? Wie dem auch immer sei, er hatte mir ein Objekt des Begehrens hinterlassen, das nun in meiner schlaflosen Nacht in einem Minsker Hotel alle möglichen Fragen hinsichtlich seiner Bedeutungen und Beziehungen aufwarf. Auf einer anderen Ebene schien es Wünsche zwischen Vater und Söhnen nahe zu legen, die mein Bewusstsein zu entziffern sich geweigert hatte. Ich wusste nur, dass ich es ins Herz geschlossen hatte. War es nicht irritierend, dass ein Lieblingsobjekt inmitten des weiblichen Idylls meiner beschützen Kindheit im Krieg Zugkraft und Vorwärtsdrängen, Macht und Fortschritt symbolisierte und dass es auf einen der schlimmsten Orte des deutschen Kriegs in Russland verwies, an dem mein Vater stationiert gewesen war? Er hatte die Holzlokomotive in bunten Farben bemalt, und vorne drauf, sei's als Bestimmungs- oder Herkunftsort, stand nicht in kyrillischen, sondern in schwarzen deutschen Großbuchstaben: MOGILEW. Als besonders beliebtes und aufmunterndes Spielzeug war dieses Objekt des Begehrens nicht in Stuttgart zurückgelassen worden, sondern war unter dem Wenigen, das wir in das weibliche Nest meiner Kindheit im Schwarzwald geborgen hatten. Da alle in der Familie es die ›Mogilew-Lokomotive‹ genannt hatten, muss dies wohl auch eines der ersten Worte gewesen sein, die ich lesen oder bei dem ich zumindest Buchstaben mit Lauten verknüpfen konnte. Es dauerte lang, bis ich sie auch mit Bedeutung zu verknüpfen begann, und ich bin erst am Beginn, diese Bedeutungen lesen zu lernen.«

Bücher und Filme als Orientierung

Spielte eine bestimmte (vielleicht männerrelevante) Literatur in Ihrer Kindheit oder Jugend für Sie eine Rolle? Können Sie Lieblingsbücher und Autoren nennen? Gab es Lieblingsfilme?

Ohne bewusste Identifizierung mit meinem Vater als Forschungsreisenden liebte ich die Bücher von Sven Hedin, Wilhelm Filchner und später Heinrich Harrer. Wüsten und Gebirge waren meine Lieblingsorte. Mein eigenes Lieblingsmärchen war das vom *Eisenhans:* Der Königssohn wird bekanntlich verstoßen und wächst bei einem wilden Mann im Wald auf, der ihn später machtvoll unterstützt und den er schließlich erlösen kann. Immer wenn ich es las oder es mir von meinem älteren Vetter erzählt wurde, kamen die sonst kaum zugelassenen Tränen. Offenbar boten Filme mit Männern eine Möglichkeit – wenn ich dies zunächst auch gar nicht begriff – heimlich über sie zu weinen. *(Hartmut Radebold)*

Rittergeschichten haben mich mehr beeindruckt als Indianergeschichten. Etwa ab dem zehnten Lebensjahr bekam die Bibel eine dominierende Rolle durch Kinderbibelstunden und Bibelfreizeiten, später auch christliches Literaturgut. Filme waren aus finanziellen Gründen ein seltenes Ereignis. In der Pubertätszeit gab es eine stark Rilke-bestimmte Phase meines Sprachgefühls, mit Nebenwirkungen auf meine Vorstellungen von erotischen Beziehungen. Vorher Hölderlin, nachher Benn und Holthusen. *(Siegfried)*

Ich kann mich nur an wenige Bücher erinnern, darunter waren Abenteuerbücher wie *Die Schatzinsel, Moby Dick, Der letzte Mohikaner*. Ein Lieblingsbuch war *Tierzirkus Pippino*, bei dem die Tiere dem Not leidenden Zirkus aus der Patsche geholfen haben, mit Vermittlung eines Clowns, der die Tiersprache verstand. Das einzige Buch mit dominierenden männlichen Figuren, an das ich mich erinnern kann, war *Unser Hindenburg*, ein Buch, wohl von 1916, mit viel Hurra-Patriotismus und einer rührenden Geschichte rund um die Schlacht an den masurischen Seen. *(Johann Meseth)*

Ab dem 13. Lebensjahr habe ich gelesen, was mir zwischen die Finger kam: Karl May, Wildwestromane, Liebesromane, Kröger: *Das vergessene Dorf*, Malaparte, Ceram: *Götter, Gräber und Gelehrte*. Geschichtliche Literatur. *(Reinhard)*

Es gab – neben Märchenbüchern, die ich las – noch vor 1945 eine Art »Landser-Comic«, von denen ich welche gehabt habe. Der Krieg war in diesen großformatigen Heften natürlich ein Abenteuer. Von 1948 an habe ich Cooper gelesen, Defoes *Robinson Crusoe* und viele Bücher über Westernhelden (aus der Leihbücherei), daneben (von den Lehrern als Schund bezeichnet) *Tom-Mix-*, *Billy-Jenkins-*, *Buffalo-Bill*-Hefte (mit gewaltigen Männerfiguren), auch *Ben Hur* und viele Karl-May-Bände. Zum Glück auch Theodor Storms Novellen. Die Zeit der Westernhefte war auch die Zeit der *Zorro*-Filme und anderer, immer mit tapferen und zugleich meist ritterlichen edlen Männer, der Kampf der Indianer ums Überleben (Sitting Bull), das ließ mein Herz höher schlagen. *(Heinz-Günther Risse)*

Bei der gestellten Frage nach der Literatur in den Jugendjahren geht mir erst der Zusammenhang auf. Ich habe geliebt und gern gelesen: Die Förster-Reihe von Erich Kloss, Seefahrtsliteratur (Gorch Fock, Felix Graf Luckner), Bücher, die mit Fliegerei zu tun hatten. Heute sehe ich gern Western. Fazit: Es passt also alles zusammen! *(Jürgen)*

Ich habe mich immer für Abenteuergeschichten interessiert, die fremde Länder zum Inhalt hatten, z. B. *Rolf Torrings Abenteuer*, ein Schmöker, in dem Naturforscher in Sumatra Abenteuer erlebten. *(Wolfgang Deimel)*

Mein Vater gab mir von Gustav Freytag *Ingo und Ingraban*. Ich erinnere mich an *Hellmann, der Führer* und *Der Hitlerjunge Quex*. Beeindruckt haben mich in der NS-Zeit Filme wie *Kadetten*, *Kopf hoch, Johannes*, *Junge Adler* und *Der alte und der junge König*. Der Begriff Kameradschaft spielte eine große Rolle. Nach dem Krieg wurde durch die Jugendbewegung eine ganz andere Literatur vermittelt. Hermann Hesse wurde mir wichtig, die Werke von Antoine de Saint-Exupéry. An Stefan

George interessierte mich weniger der zeitgemäße Kult um den »Meister« durch seine »Jünger«, sondern das, was er in seinen Gedichten über Freundschaft sagt. Und wichtig war, dass aus dem George-Kreis Männer des Widerstandes gegen den NS-Staat kamen, wie Graf Stauffenberg, aber auch Wolfgang Frommel, der mit seiner Freundin Gisèle Waterschoot van der Gracht in den Jahren 1942 bis 1945 junge Juden in Amsterdam versteckt und gerettet hatte. *(Wolfgang Hempel)*

Ich erinnere mich daran, dass ich als Junge gerne die vielen Cowboy- und Indianerfilme, aber auch die *Tarzan*-Filme mit Johnny Weismüller gesehen habe. Romane, in denen männliche Bewährung im Mittelpunkt stand, spielten eine zentrale Rolle. Neben den Romanen von Karl May die *Lederstrumpf*-Erzählungen und die *Schatzinsel*, die ich bei dem geringen Literaturangebot in unserem Sauerlanddorf auftreiben konnte. Weiterhin ein Band der Serie *Durch die weite Welt* (Jahrgang 1938) und zwei Bände *Der gute Kamerad*, dann Hans Dominiks *Land aus Feuer und Wasser* und eine kleine Broschüre *Die Entdeckung Trojas*, mit einer Lebensbeschreibung Schliemanns. Erst einige Jahre später, aber noch als 14-Jähriger habe ich dann *1984*, *Brave New World* und *Der SS-Staat* von Eugen Kogon gelesen. Aber für die Vorstellung von Männlichkeit, Tapferkeit, jungenhaftem Leben waren für mich neben den Texten in *Durch die weite Welt*, den *Rolf-Torring*-Heften ab 1952 auch die Zeitschriften der Jugendbünde (*Am Scheidewege* für die katholische Jungschar), die neu herauskommenden Jungenkalender (*Komm mit!* und *heijo!*) und die Hefte einer so genannten »Waldläuferschule« wichtig. *(Jürgen Reulecke)*

Da ich intensiv »Helden« suchte, spannt sich ein Bogen wichtiger Bücher von Karl May über Abenteuerliteratur bis zu Biografien bedeutender Erfinder, Entdecker, Künstler, Wohltäter usw. Unter den Filmen haben mich nachhaltig beeindruckt *Nachtwache*, später *Stresemann*, *Die zwölf Geschworenen*, *High noon*, *Wem die Stunde schlägt*, zuletzt Bernhard Wickis *Die Brücke*. Dieser Film wirkte klärend in einer Phase, als mir alles »Heldische« fragwürdig wurde. *(WKB)*

Im Alter von 8 bis 15 Jahren habe ich viele Bücher von Karl May gelesen. Ab und zu durfte ich mir mit meinen Freunden einen Wildwestfilm anschauen. *(Helmut Schlotmann)*

In den Märchen, die ich als Schulanfänger las, spiegelt sich schon ein – wenn auch überholtes – Männerbild wider. Auch *Robinson Crusoe* und *Sigismund Rüstig*. Hermann Löns war nach dem Tod meiner Mutter ein Favorit. Später las ich alles, was mich träumen ließ: Gerstäcker, A.E. Johann, Luserkes *Eiserner Morgen*, Turgenjew, Tschechow. Die *Buddenbrooks* las ich wie ein Märchen. *(Ernst Schmidt)*

Ich las alles was ich hatte oder ertauschen oder ausleihen konnte, auch die Mädchenbücher meiner Schwestern. Erst als Deutschlehrer habe ich oft als Perlen erkannt, was ich als Jugendlicher eher widerwillig hatte lesen müssen. *(Walter Gerschler)*

Mein Großvater gab mir den Naziautor Steuben zu lesen, dessen *Tecumseh*-Bände ich verschlang. Jahrelang war Steubens Held mein Held, ohne dass ich merkte, dass er eine faschistoide Führergestalt ist. Karl May fand ich total besch... Dass der sterbende Winnetou seinem Scharlih gesteht, er sei (klammheimlich) Christ geworden, empfand ich schon als Kind als unverzeihlichen Verrat an seiner Kultur. *(Arnold Herwig)*

Am Anfang rührselige Literatur, Johanna Spyri, Erich Kästner usw. Später dann Thomas Mann, Jochen Klepper, aber sie bewirkten eher Abneigung zu Vätern. Gerührt hat mich *Dr. Schiwago*, hier fand ich mich wieder in der Rolle der Waise, die nichts von ihrer Kindheit wusste und wissen wollte (ich aber will dies ja), aber auch in der Rolle des Dr. Schiwago, dessen Herzwände so dünn wie Papier gewesen sein müssen. An kalten Wintertagen ist dies mein Lieblingsvideo. Ich sehe es allein, damit die Tränen ungestört fließen können. *(Rainer John)*

Wegen fehlender Gesprächspartner hatten schon früh viele meiner Träume mit Literatur zu tun. Mein erster historischer Roman war *Horridoh Lützow* von Rudolf Herzog, den kann ich (bis auf die Liebesszenen natürlich) heute noch auswendig. Damals kann ich höchstens sieben Jahre alt gewesen sein, denn mit acht wurde ich schon ein glühender Verehrer vom »Roten Baron« Manfred von Richthofen. Die Zeit meiner Krankheit habe ich mit Hermann Löns verbracht, vielleicht als Ersatz des fehlenden Umgangs mit der Natur. In der Pubertät wurde ich fanatischer Anhänger von Karl May. *(Valentin)*

Es waren die Kindermädchen und Erzieherinnen, die mir vorlasen und Geschichten erzählten. Sie lenkten meine Suche nach Männeridolen auf Märchen, Legenden und Literatur. Und da passte es, dass Idole dort ebenfalls auf tückische oder tragische Weise umkommen. Das Ende des Vaters reihte sich da ein in eine dramatisch vorgefertigte Schicksalslogik.

Eine Erschütterung erlebte ich mit dem Shakespeare-Film *Hamlet* mit Laurence Olivier. Der Eindruck dieses Films, den wir Zöglinge klassenweise sehen durften, hat bis heute nicht nachgelassen. »Des Vaters Geist« machte mir im nächtlichen Schlafsaal des Konvikts gelegentlich Angst – denn er ist nur zu rächen um den Preis des Lebens des rächenden Sohnes: »Geschieht es jetzt, so geschieht es nicht in Zukunft; geschieht es nicht in Zukunft, so geschieht es jetzt; geschieht es jetzt nicht, so geschieht es doch einmal in Zukunft« (5. Akt, 2. Szene). Längst habe ich den Film auf Kassette gebannt; er ist es, von dem ich am ehesten sagen kann, dass er mich durchs ganze Leben begleitet.

Ich war in der Studentenzeit noch auf Freiligraths Gedichte *Deutschland ist Hamlet* gestoßen – dieser tragikomische Aufruf zur Tat aus biedermeierlicher Apathie lässt einen nicht weniger verzweifelt zurück ... Von da war es nur ein Schritt zu Friedrich Nietzsche: Der Deutsche ist großer Leistungen fähig, aber es ist unwahrscheinlich, dass er sie vollbringt. Die drei (bewunderten) Charaktere Siegfried, Montezuma und Hamlet sind eines frühzeitigen Todes gestorben. Gerade die Umstände ihres frühen Todes haben im Nachhinein und auf mystische Weise ein vollendetes Leben erbracht, ein abgeschlossenes Schicksal in Form einer großen Erzählung hinterlassen. Das Beklemmende dabei ist, dass der Tod die Grundbedingung ist, zum Idol aufzusteigen. *(Martin)*

Bis auf so genannte »Schundhefte« habe ich das Lesen als Jugendlicher verweigert (vermutlich aus Protest gegen die mütterliche Forderung und den Vorsprung der älteren Geschwister), bis ich auf einer Müllkippe ein Groschenheft fand mit einer unvergesslichen Geschichte, wie Schrecken und Entsetzen in einem Menschen wirksam werden. Ab dem 16. Lebensjahr behauptete ich, der polnisch-britische Autor Joseph Conrad sei mein Lieblingsschriftsteller, obwohl ich sein Werk erst sehr spät gelesen habe. Für diese Bevorzugung gab es geheime, tief liegende Gründe: Conrad lebte vaterlos, ging in fremde Länder, erlernte andere Sprachen und hatte Erfolg mit seinen Romanen von Mannestum und Ehre. *(Karl-Heinz)*

Leben mit den Müttern

Eine übertrieben starke Mutterbindung ist wohl zwangsläufig Folge der Vaterlosigkeit. Wie haben Sie das gelöst? Oder ist das Problem nicht wirklich zu lösen?

Meine Mutter fühlte sich verpflichtet, die Vaterrolle mitzuübernehmen, also auch ggf. Strenge walten zu lassen. Womöglich ist meine Mutterbindung (bei aller Dankbarkeit) emotional schwächer als bei anderen, die eine traditionelle Mutterrolle genossen haben. *(Siegfried)*

Ich glaube, das Mutter-Bindungs-Problem ist nicht zu lösen, nicht nur bei Vaterlosigkeit. Dafür ist es zu vielschichtig. Als meine Mutter kurz vor meinem 50. Geburtstag starb, war ich frei, aber auch verwaist. *(Walter Gerschler)*

Die Bindung an meine Mutter ist in der Tat stark. Als einziges Kind, das von ihr so weit irgend möglich gefördert und gestützt, aber auch unter evidente Erwartungen an Leistung, an ein bestimmtes Verhalten und an Zuwendung gestellt wurde, lebte ich noch einen Teil des Studiums und während der Promotion bei ihr – aus Bequemlichkeit *und* um sie nicht allein zu lassen. Aus Gebundenheit habe ich ein Übermaß an Nähe zu ihr gehalten, so dass sie ununterbrochen an meinem Leben Anteil nehmen konnte, was ihr selbstverständlich schien. Das Problem der (über)starken Bindung an meine Mutter habe ich sichtlich nicht gelöst; ihrem Tod sehe ich mit Bangen entgegen. *(WKB)*

Mit 60 war ich immer noch ihr Kind, sie war sehr dominant und meinte, mir Vorschriften machen zu müssen. Mit meiner Frau habe ich ihretwegen viel Krach gehabt. *(Wolfgang Deimel)*

Eine starke Mutterbindung hatte ich nicht. Im Gegenteil – mit 16 Jahren habe ich mich auf ein Jahr ihrer Vormundschaft durch Wegzug in eine andere Stadt entzogen. Danach hat sie mich akzeptiert. *(Johannes Thiele)*

Meine bis heute sehr starken symbiotischen Bedürfnisse entstammen wohl der Beziehung meiner Mutter zu ihrem einzigen Sohn. In der Jugend waren für mich homoerotische Beziehungen wichtig; die symbiotischen Bedürfnisse mögen mitverantwortlich sein für zwei letztlich unglückliche Partnerwahlen. *(Friedrich)*

Schwierig wurde es für meine Mutter, als ich ihr mitteilte, dass ich mich verloben wollte. Ihr Bitten und Flehen, die Hochzeit doch noch um einige Zeit hinauszuschieben, verunsicherten mich sehr. Erst der Rat eines Psychologen, mich ohne schlechtes Gewissen von meiner Mutter zu trennen, beruhigte mich. *(Helmut Schlotmann)*

Es bestand eine starke Mutterbindung, die sich aus dem insgesamt fröhlichen Miteinander gebildet hatte. Sie wurde durch die Liebe zu der Krebskranken verstärkt. Letztlich habe ich starke Bindungen, wenn sie meine Freiheit einschränkten, dadurch zu beenden versucht, indem ich fortging. *(Ernst Schmidt)*

Männer sind für mich fremde Wesen, Frauen gute Gesellschaft. Auch im Beruf finde ich die Zusammenarbeit mit Frauen weit unkomplizierter und angenehmer als mit Männern. Dies ist sicher auf meine primäre Sozialisation unter Frauen und ohne Vater zurückzuführen. Eine starke Mutterbindung habe ich nie gehabt, bedingt durch das Erziehungsverhalten in meiner Kindheit. *(Norbert)*

Tapfer hat sie die Demokratisierung unserer Erziehung durchgehalten. Sie war gerecht, ohne ihren heimlichen Liebling, meinen Bruder, oder uns andere diese Präferenz merken zu lassen, warmherzig, energisch und fördernd. Ihre Schwäche war Lebensangst, die sie in starkem Maße an mich weitergegeben hatte. Meine Mutter war zwar lebensängstlich, kompensierte dies jedoch gelegentlich durch unkonventionelle Entscheidungen. 1951 gab sie Bekanntschaftsanzeigen in einer Kölner Tageszeitung auf, die zu einem ersten Erfolg führten. *(FRH)*

Das Problem der starken Mutterbindung habe ich gelöst, weil ich nach dem Abitur mein Zuhause verlassen musste. Mein Bruder konnte es bis heute nicht. Unsere Mutter hat mich schon sehr früh zu ihrem Vertrauten gemacht, ich habe ihr vieles abgenommen und tue das heute bei meiner Frau. *(Volkmar Wittmütz)*

Das Problem der Mutterbindung ist in der Tat riesig. Der moralische Druck von Mutter blieb stark. Manchmal heulte sie so lange und so vernehmlich, dass ich schließlich klein beigab. Das empfinde ich noch heute als Erniedrigung. Die Auseinandersetzungen waren erbittert und verletzend. Allmählich wurden mir durch Auslandsaufenthalte die Eingeschränktheit und Kleinbürgerlichkeit von Mutters Leben bewusst, ebenso die Doppelbödigkeit ihrer christlichen Ideale und ihres moralischen Machtanspruchs. Auf meine Freundinnen war Mutter zumeist eifersüchtig. Wenn die Beziehung, und damit die Konkurrenz, dann vorbei war, schrieb sie sich mit den Ehemaligen Briefe. Mit meiner kurzfristigen Verlobten plante sie einmal Strategien, wie sie mich beide gemeinsam aus dem Tübinger Sumpf der 68er, der Kneipen und des Gammelns, der Gottlosigkeit und der Linken, wieder zurückführen wollten – eine unheilige/unheimliche Allianz! Bezeichnenderweise löste die Verlobte die Verbindung auf, ich selbst hätte wohl schon aus Ehrlichkeit mein Versprechen nie gelöst. Mit moralischem Druck versuchte Mutter auch noch nach meiner Hochzeit mein Leben mitzubestimmen. *(Arnold Herwig)*

Es dauerte bis in die zweite Lebenshälfte, bis ich mir der starken Mutterbindung bewusst wurde. Nachdem meine zweite Ehe gescheitert und ich eine dritte Beziehung eingegangen war, versuchte ich mit Hilfe von Therapeuten mein Vater- und Mutterbild zu verändern. *(Ernst)*

Von einer starken Mutterbindung würde ich nicht sprechen. Ich hatte zwei starke Bindungen: Meine Großmutter bot lange die soziale Geborgenheit. Emotional hatte sie sich zurückgehalten. Dafür gab es meine Mutter, bei der ich bei ihren Besuchen am Wochenende die körperliche Nähe und schmusende Sinnlichkeit fand. Ihre körperliche Wärme und ihren angenehmen Geruch verspüre ich gelegentlich heute noch bei der Erinnerung an sie nach mehr als 50 Jahren. Als ich mit ihr später zusammengelebt habe und ihre Mühsal des Existenzaufbaus bestenfalls erahnte, hatte ich – so meine Sicht aus heutiger Distanz – wohl eher Respekt und Bewunderung. *(Damian)*

Meine Mutter ist Mutter und Vater zugleich gewesen. Nach dem Tod meines Vaters kam kein neuer Mann ins Haus, sondern meine Mutter machte Beruf, Haushalt, Mutter und Vater. Für mich war es gut, für meine fünf Jahre ältere Schwester nicht. Sie hat eine lange Karriere von Psychotherapien, Depressionen, Alkoholismus hinter sich. Ich bin der beschützte, geliebte, unterstützte und selbstständig gemachte, meine Schwester eben nicht. Die Mutterbindung wurde gelöst durch eine einzige Begebenheit: Da meine Mutter nie etwas verbot, sondern an meine Rücksicht ihr gegenüber appellierte, hatte ich große Schwierigkeiten, zu ihr Nein zu sagen. Eines Abends rief mich meine Mutter in der Kneipe an, in die ich im Alter von 15 Jahren mit meinen Cousins eingekehrt war, um mich nach Hause zu beordern. An meiner Stelle ging mein älterer Cousin ans Telefon und sagte klipp und klar, streng und freundlich: Nein! Da fiel es mir wie Schuppen von den Augen und ich lernte nach und nach ein fröhliches Nein. *(Victor)*

Meine Mutter fehlte mir, mehr als mein Vater. *(Peter Härtling)*

Als ältester Sohn, der zudem noch »so wie Vater« war, übernahm ich die Vaterrolle. Die Mutterbindung war stark, besser emanzipieren konnte ich mich etwa ab dem Alter von rund

40 Jahren. Es war dann möglich, mich gegen Einflussnahmen meiner Mutter zu wehren. Verbal klappte es nicht so gut, schriftlich ging das besser. Schließlich löste mich mein jüngerer Bruder ab. Meine Mutter war wegen seiner hohen akademischen Meriten sehr stolz auf ihn und seine Titel. Das war für mich manchmal verletzend, hat aber ein sehr gutes Verhältnis zu ihm nicht verhindert können. Ob ich das Problem der Mutterbindung wirklich gelöst habe, vermag ich nicht zu beurteilen. Jedenfalls konnte ich Distanz gewinnen. *(Jürgen)*

Das Verhältnis zu meiner Mutter habe ich nicht als Bindung empfunden, schon eher als Unterdrückung. Vor allem, was sexuelle Entfaltung anging, war das schon ziemlich katastrophal. Gelöst habe ich mich mit einer aufwändigen, aber erfolgreichen »LSD-Psychotherapie«. *(Valentin)*

Keine ungewöhnliche Mutterbindung! Ich war immer »der Mann in der Familie«, der seine Probleme selbst lösen musste. Meine intensivsten Muttergespräche hatte ich an ihrem Totenbett. *(Otto Schricker)*

Ich habe immer in der Nähe der Mutter gelebt, bis heute in ihrem Haus; wir empfanden uns nicht als Krüppelfamilie. Wenn Bewerber kamen, die was von meiner Mutter wollten, waren sie und ich uns schnell einig: Das machen wir selbst! *(Wolfgang)*

Ich hatte meine Mutter beschützt und auch in der Realität vor Vergewaltigung durch die Russen bewahrt. Erst in meiner Lehranalyse verstand ich, dass ich für lange Zeit ihr einziger »Mann und Vertrauter« war. Als mein Bruder aus Russland zurückkehrte, reagierte ich eifersüchtig und wünschte ihn sogar einmal dorthin zurück. Gleichzeitig versuchte ich mit Hilfe der Welt der Pfadfinder, auf Distanz zu meiner Mutter, ihren Freundinnen und meinen Tanten zu gehen. Meiner Mutter war zwar bewusst, dass es eines Tages Schwiegertöchter geben würde, aber zunächst hatte sie die Phantasie, dass wir nach Abschluss unseres Studiums noch mehrere Jahre mit ihr zusammenleben würden. Als mein Bruder heiratete, übertrug sie diese Phantasie auf mich. Als meine Frau und ich heirateten, kam meine Mutter ganz in Schwarz und wirkte deutlich traurig über den »Verlust« ihres Sohnes. Die enge Beziehung blieb zunächst. Erst meine Lehranalyse bei einer Frau half mir, diese intensive symbiotische Beziehung zu verstehen und mich langsam aus ihr zu lösen. Nur dieser Weg verhalf mir dazu, bis heute eine eigenständige, glückliche, verlässliche und befriedigende Beziehung zu meiner Frau aufzubauen. *(Hartmut Radebold)*

Es gibt offenbar verschiedene Arten von Mutterbindung: die biologische, die in einer fast ebenso engen seelischen Bindung und Zuneigung ihre Fortsetzung findet und den Tod der Mutter überdauert. Und es gibt eine andere, die nicht weniger intensiv ist, aber ein völlig anderes Drama enthält. Sie steht meist mit einem nicht mehr vorhandenen Vater im Zusammenhang – mein Fall dürfte in diese Kategorie fallen. Typisch für letzteren Fall scheint zu sein, dass die Mutter die Rolle des Vaters mir gegenüber einnahm, was von mir schon in jungen Jahren nicht akzeptiert bzw. stumm ertragen worden ist. Die »normale« Bindung an die Mutter wurde ständig gestört, weil sie selbst zwischen üblicher Mutterrolle (Milde und Empathie) und übernommenen Vateraufgaben (Alltags-, Arbeits- und Leistungskontrolle, alleinige verbietende und gewährende Instanz) kein glückliches Gleichgewicht herzustellen wusste. Vielleicht wäre es auch zu viel verlangt gewesen. Das Verhältnis zur Mutter stellt sich im Rückblick, auch für noch lebende »Zeitzeugen«, als ein Verhängnis dar, an dem nichts zu richten und zu schlichten gewesen war. *(Martin)*

Meine Mutter habe ich in der Kindheit bis etwa 14 Jahre eher zwiespältig erlebt: punktuell autoritär eingreifend, verbietend und strafend, dann wieder wegen wechselnder Berufstätigkeit abwesend, zudem mich und meinen jüngeren Bruder umsorgend, gleichzeitig das Zusammenleben mit meiner Großmutter gestaltend und mit ihrer Beziehung zu meinem späteren Stiefvater beschäftigt. Ich entwickelte Fluchtstrategien. Bei allen meinen Versuchen, mich als Kind den Disziplinierungsbemühungen zu entziehen, habe ich, obwohl damals keine starke emotionale Nähe und Vertrautheit zu ihr bestand, immer einen tiefen Dank für ihre Leistungen in jener turbulenten Zeit – und ein Mitgefühl für ihre Lage als junge Frau mit zwei kleinen Kindern empfunden. Mir ist klar geworden, dass infolge dieser Prägung Ehe und Familie im üblichen Sinn für mich kein intensiv angestrebtes Lebensziel waren, auch wenn ich mich dann mit 32 Jahren darauf eingelassen habe. Entsprechend schwierig war und ist das Austarieren zwischen meinen Schwierigkeiten mit den Institutionen Ehe und Familie und den Anforderungen, die diese üblicherweise mit sich bringen und deren Erfüllung auch von der Partnerin erwartet wird. *(Jürgen Reulecke)*

Jede meiner Beziehungen zu Frauen litt unbewusst unter Erwartungen (von Zuneigung bis zu Strafen), die auf mein Verhältnis zu meiner Mutter zurückgehen. Das war und ist schwer zu überwinden, und deshalb ärgerlich, weil immer wieder, wie Schüsse aus dem Dunkeln, Ereignisse auftauchen, die mich beuteln, statt dass ich sie als Altlasten erkenne und darüber lache.

Mein Verhältnis zu meiner Mutter war nie wirklich vertrauensvoll und gut. Entsprechend benahm ich mich als Kind ruppig und ärgerlich; sie reagierte mit verstärkter Abneigung und Isolation. Trotzdem war die Mutterbindung immer wirksam, bis heute – ob es mir passt oder nicht! Als ich eine wichtige Auszeichnung bekam, rief ich nicht meine Frau oder meine Kinder an, sondern ohne nachzudenken meine Mutter (Ihr Kommentar: »Was ist das denn für ein Preis! Nie davon gehört!« Dann legte sie auf). Da wurde mir bewusst, dass ich die Aufarbeitung dieser Beziehung noch vor mir hatte. Schlimmer erging es meinem älteren Bruder, den sie wohl sehr geliebt hat. Unter dem Druck ihrer Erwartungen glitt er mehr und mehr in eine sanfte Schizophrenie ab und wurde unfähig zu einer bürgerlichen Existenz. *(Karl-Heinz)*

Dass ich ab meinem 9. Lebensjahr zu Hause nur mit weiblichen Wesen zusammen lebte, hat mein Verhältnis zu Mädchen oder Frauen nicht beeinflusst. Dass die Mütter von Freunden sich bis in mein Erwachsenenalter um mich kümmerten oder besorgt waren, führe ich mehr auf mein mutterloses Dasein zurück. Ein gleichaltriges Mädchen hat sich sicher nicht wegen meiner Vaterlosigkeit zu mir hingezogen oder abgestoßen gefühlt. Meines Wissens hat mich niemand zu erobern versucht. *(Zoran)*

Unsicherheiten und Auffälligkeiten

Welche eigenen Schwierigkeiten, aber auch Stärken führen Sie auf Ihren fehlenden Vater zurück?

Ich trieb mich an den Vormittagen in der Stadt umher und war stets pünktlich zu Hause. Dies gelang mir eine Woche lang, bis mich eine ältere Cousine in der Stadt fand und nach Hause zerrte. Dabei zerkratzte ich ihr die Hände. Meine Mutter, entsetzt über die blutende junge Frau, verabreichte mir sofort eine Tracht Prügel. Als schließlich alles erzählt war, schloss sie mich in die Arme. Der Kindergarten war passé. *(Ernst Schmidt)*

Unsicherheit hat auch meine Jugend gekennzeichnet, was vor allem mit der inferioren Position meines Stiefvaters zusammenhängt. *(Volkmar Wittmütz)*

Ich leide darunter, keine Beziehung halten zu können. Trete ich in ein neues Umfeld ein, so verliere ich auch schnell die Bindungen. Da ich merke, dass ich mich dadurch selbst in eine Isolation bringe, bin ich gerade jetzt bemüht, alte Bekanntschaften wieder zu beleben. Ich bin einsam und will es doch nicht sein. Ich will die Zeit (Eintritt in den Ruhestand) nutzen, mir meine Narben von der Seele zu schreiben. *(Rainer John)*

Mein Vater hat mir in meiner Entwicklung ständig gefehlt, zumal ich mich bei vielen Aufgaben überfordert fühlte. Dieser Verlust ist mir dann noch deutlicher geworden, als meine eigenen Kinder in dieses Alter kamen und meinen Rat erfragten. Ich bin sicher, dass mir manche Fehlentscheidung unter dem Rat und/oder durch Beispiele meines Vaters erspart geblieben wäre. Am stärksten meldeten sich die Gedanken an den Vater, wenn meine Mutter unter dem Alleinsein litt. Wo für sie eine Sperre lag, ist mir nicht klar geworden. Aber ihre unerfüllte Sehnsucht, ihr dauerndes Warten auf den Tag X, an dem ihr Mann zurückkehren würde, das hat auch mein Leben beschäftigt. Ich weiß noch, dass mich die zunehmende Hilflosigkeit meiner Mutter oft irritierte; sie spielte sich sozusagen umgekehrt proportional zu meinem Selbstständigwerden ab.

Zu den Stärken, die ich auf den fehlenden Vater zurückführe, gehört die Bereitschaft zur Übernahme von Verantwortung in ehrenamtlichen und beruflichen Aktivitäten. Zu den Stärken zähle ich außerdem mein Bemühen, Sensibilität zu wecken gegen Gewalt in allen ihren Formen. Trotz des fehlenden Vaters bin ich mit meinem Leben zufrieden. Die von Seiten meiner Mutter und von meinen Großeltern erfahrene Geborgenheit und Zuwendung, die sicher das Fehlen des Vaters kompensieren wollten, haben mir geholfen, meine eigene Identität zu finden. Ich habe beklagt, dass ich Jahrzehnte meines Lebens ohne bewusste Erinnerung an den vermissten Vater gelebt habe. Wenn ich jetzt über Stärken und Schwächen nachdenke, die mit seinem Fehlen zusammenhängen, bekomme ich den Eindruck, als sei er in den Schwächen und Stärken mehr wirksam gewesen, als mir lange Zeit bewusst war. Und insofern war er dann doch präsent und erinnert. Ich finde es gut, dies zu wissen. Nach dem Eindruck meiner Frau und meiner Tochter kann man nicht gut mit mir streiten. Was das Streiten erschwert, ist mein Bemühen, nur ja nichts Unpassendes zu sagen. *(Heinz-Günther Risse)*

Die lebenslange Unsicherheit kann ich wohl doch mit meiner Vaterlosigkeit in Verbindung bringen. Was mir fehlte – und bei einem lebendem Vater sicher nicht erspart geblieben wäre – war die klärende Auseinandersetzung, der Eklat meinetwegen, der zu bewussterem autonomen Verhalten hätte führen können. Aber das Fehlen von Vorbildern und Mustern hat andererseits zu eher unbewusster Autonomie beigetragen, die ich als Freiheit rückblickend nach und nach erkenne und zu schätzen lerne. *(Walter Gerschler)*

Meine Schwierigkeiten aufgrund des fehlenden Vaters: zu wenig Selbstvertrauen, unsicher im Kontakt zu Frauen, fehlende Konfliktfähigkeit, Nein sagen zu können, eigene Meinung zu vertreten, Bindungen lösen zu können. Vieles davon habe ich in den Griff bekommen. *(Reinhard)*

Die Tatsache, dass ich kein fest gefügtes Männerbild hatte, machte das Leben ziemlich anstrengend, erlaubt mir aber auch Spielräume, die ich zu nutzen glaube. Wenn mein Vater aus dem

Krieg zurückgekommen wäre, hätte ich ein ganz anderes Leben bzw. eine andere Sozialisation mitbekommen. Da ich dies aber nicht bedauere, fühle ich mich ziemlich frei und souverän. Ich hatte schon früh das Gefühl, dass mein Bruder in die Fußstapfen meines Vaters trat: Mein Bruder war in der Schule besser, sportlicher und männlicher; ich stand dazu nie oder höchst selten in Konkurrenz. Ich hatte eher das Gefühl, im Windschatten meines dem Vater folgenden Bruders nicht rollenadäquate Spielräume für mich zu finden. *(Günter Oesterle)*

Defizite erkenne ich bei mir nicht. Vielleicht in einem Punkt: dass ich immer die von der Mutter und dem Stiefgroßvater vorgezeichneten Wege eingeschlagen habe. Und vielleicht ist so eine Art Verdrängung, wenn es um meinen Vater geht, immer da gewesen. Solange meine Mutter lebte, wollte sie nicht, dass ich mich um das Grab meines Vaters irgendwo im Osten kümmere. Sie sagte: Warum alte Wunden aufreißen? Und ich wollte mich dem bisher auch nicht nähern. Verdrängung, die ist bei mir vielleicht doch stark ausgeprägt. *(Wolfgang)*

Die Vätergeneration, mit der sich später die 68er auseinander setzten, hatte nach 1945 keine Zeit, die Vergangenheit aufzuarbeiten, sie war voll damit beschäftigt, das zerstörte Land wieder aufzubauen und danach für diese Leistung Erfolg, Vermögen und Achtung einzufordern und dieses auch ihren Kindern zu vermitteln. Die Vaterlosen mussten, vor allem wenn sie die Ältesten waren, den Müttern statt des Ehemanns beistehen und konnten sich relativ früh kritisch mit der Vergangenheit auseinander setzen, sie mussten nicht die Beschönigungen, Entschuldigungen, Verdrängungen ihrer Väter akzeptieren. Ihre Väter hatten, ob während des Krieges schuldig geworden oder nicht, für diese Verirrung ihres Volkes und für den Krieg mit dem Leben bezahlt. *(Wolfgang Hempel)*

Unsere Familie war defizitär, da der Vater in der noch patriarchalisch geordneten Nachkriegswelt fehlte. Ich persönlich bin redefreudig und extrovertiert, lasse aber niemanden wirklich an mich heran. Erst im Laufe der Jahre sind mir diese Verletzungen klar geworden, die ich meinem Vater anlaste: Meine Mutter hat mir erzählt – was sie besser unterlassen hätte –, ich sei ihr Wunschkind gewesen. Mein Vater habe wegen der sich im Winter abzeichnenden Kriegswende kein Kind mehr haben wollen. Für mich war es nur folgerichtig und verständlich, dass er sich, obschon noch drei Jahre Zeit waren, nicht mehr bemühte, sein Testament zu ändern (und mich dort zu berücksichtigen). Durch seinen Selbstmord, sein Verschwinden und seinen Ehebruch hat er uns verlassen und verraten. Heute sehe ich, dass ich ungerecht urteile, denn ich bin fast sechzig Jahre alt, und er war im Moment seines Todes erst sechsunddreißig. Aber der Mensch schreibt die Verantwortlichkeit für eigenes Fehlverhalten gerne anderen zu, und da mein Vater der große Abwesende war, eignete er sich gut für diese Rolle. Die eigentlich Betroffene war meine Mutter, der er hätte Halt geben müssen und die dieses offene Ende ihrer Ehe nie wirklich verkraftet hat. Sie hat eine Zeit lang versucht, uns Kinder zu Gesprächspartnern, zu Surrogaten ihres Ehemannes zu machen, was aber eine unangemessene Rollenverschiebung war, gegen die wir uns wehrten. Ihr schrecklicher Tod – sie nahm sich, den sicheren Tod durch eine Krebserkrankung vor Augen, im Jahre 1978 das Leben – ist ein weiteres Trauma, das mein Leben bis heute prägt.

Abschließend möchte ich bemerken, dass ich Familie immer als belastend und fordernd, in jedem Falle als kompliziert erlebt habe und deshalb vermutlich keine eigenen Kinder habe, in der Ehe gescheitert bin und mich nur sehr schwer an ein dauerhaftes Zusammenleben mit einem anderen Menschen gewöhnen kann. *(FRH)*

In mir gibt es ein mich zuweilen irritierendes Gefühl, das mir nahe legt, alles, was ist, hinter mir zu lassen, um etwas ganz anderes zu beginnen. Ich bin oft umgezogen, aber nicht oft und nicht entschieden genug, und zugleich wünsche ich mir, eine Heimat zu haben. Das ist mein Vater in mir, der da lebt. Er hat's einfach gemacht, ist einfach abgehauen. Hat sich um seine Familie einen Scheiß gekümmert. Sollte mir nicht passieren! *(Henning Schüler)*

Es kam immer mal wieder vor, dass ich mir überlegt habe, ob ich bestimmte Defizite nicht hätte, wenn ich einen Vater gehabt hätte; als Jugendlicher habe ich an das Thema nicht gedacht. Am deutlichsten war das Interesse nach dem Tod meiner Mutter, als ein paar Briefe auftauchten und in den letzten Monaten, als mein Sohn als Praktikant beim Institut für Zeitgeschichte in München Zugang zu präziseren Informationen über Wehrmachtseinheiten hatte, zu denen auch mein Vater gehörte. Als meine Mutter die Möglichkeit hatte, einen Besuch auf einem Soldatenfriedhof bei Simferopol zu machen, auf dem mein Vater liegen könnte, hat sie darauf verzichtet mit der Begründung, das helfe ihr jetzt nach 40 Jahren auch nicht weiter.

Dass ich verhältnismäßig wenig »Chauvi« bin, halte ich eher für einen Vorteil; ein bisschen mehr könnte es manchmal schon sein. Wirkliche Probleme hatte ich mit menschlich nicht zugänglichen Lehrern, da reagierte ich total verängstigt. Dann die eingeschränkte Konzentrationsfähigkeit und eine gewisse Schüchternheit und eine ausgesprochene Scheu vor öffentlichen Auftritten. *(Valentin)*

Einige sehr typische Verhaltensweisen führe ich auf die Flucht Anfang 1945 durch Schnee und Eis, bei der wir fast erfroren wären, die fortwährende Kälte in den Wintern in Berlin sowie auch auf den ständigen Hunger zurück. So friere ich immer noch, brauche eine höhere Heizungstemperatur als viele Menschen. Ich wickle mich so in meine große Bettdecke ein, dass nur noch die Nasenspitze herausguckt. Auf allen Reisen brauche ich Wärme, Wärme. Erst später merke ich, dass ich Durst habe und dann erst kommt die Nahrungszufuhr. Bis heute bin ich beim Essen und Trinken mäßig, z.B. eine Tafel Schokolade oder sechs Stücke Konfekt hintereinander bekommen mir nicht. Lebenslang hatte ich ein Untergewicht von 15 bis 20 Prozent und fühle mich damit wohl. Bestimmt sind Zähigkeit/Härte, gewisse Genügsamkeit, hohe Selbstdisziplin, langfristiges Festhalten an Zielsetzungen, Fähigkeit zum Organisieren und das ständige – trotz aller Ängste – Erproben von Lebensmöglichkeiten Folgen dieser vaterlosen Kindheit. *(Hartmut Radebold)*

Ein starkes Sicherheitsbedürfnis entwickelte sich, das eigentlich bis heute geblieben ist. *(Helmut Schlotmann)*

Ich bin sehr sicher, dass ich meine Selbstständigkeit, meine Nonkonformität, meine berufliche Autonomie dem Umstand verdanke, ab meinem 13. Lebensjahr nicht von meinem Vater geführt worden zu sein. *(Peter Dehmel)*

Ich halte mich für eine starke Person, die jedoch in einem ständigen und vielleicht letztlich erfolglosen Abwehrkampf gegen Trauer und Depression steht. *(Friedrich)*

Eine besondere »Auffälligkeit«, die in meiner Vaterlosigkeit begründet sein mag, ist meine geistige Unabhängigkeit. Ich bin ein sehr politischer Mensch geworden. Schwierigkeiten in falscher Einschätzung von Lebenslagen, wenig Suche nach Beratung, Verlust an Emotionen, Fehlen des Vorbildes in Familienleben mögen weitere Folgen sein. *(Johannes Thiele)*

Durch das Fehlen des Vaters konnten sich bei mir einerseits Unsicherheit, Entscheidungsscheu und mancher Realitätsverlust, ein Hang zu Illusionen entfalten. Andererseits hat mir die »Leerstelle« mehr Eigenständigkeit im Weltbild, im Handeln, im Umgang erlaubt und die Einfühlung in andere Menschen, die Anpassung an unterschiedliche Situationen begünstigt. Außerdem wurde durch die Grunderfahrung des Verlusts das Bewusstsein von der Brüchigkeit auch scheinbar vitaler Lebensumstände geschärft. Ein Mangel an stetig und selbstverständlich wirkender Zuordnung kann auch zur Chance werden, unmittelbar »zu sich selbst zu kommen«.

Zum einen habe ich, der ich nach einem mit zwölf Jahren erlittenen schweren Unfall jahrelang weniger körperliche Selbstbestätigung durch Sport und Spiel finden konnte als andere, das damit kompensiert, dass ich mir eine auch durch physische Stärke glänzende Zukunft erträumte. Zum anderen hat mich aufgrund eines forcierten moralischen Selbstanspruchs sexuelle Selbstbefriedigung, die nach meiner Erziehung verwerflich war, in starke Selbstqualen getrieben. *(WKB)*

Das Gefühl, andere nicht enttäuschen zu dürfen. Arbeit ist eine Selbstverständlichkeit und moralische Pflicht und nicht Mittel zum Zweck (Geldverdienen). Ein ethisches »Koordinatensystem« sagt mir bei Entscheidungskonflikten, wo meine Grenzen sind, wo ich Kompromisse mache. Selbstverständlich für andere da sein, großzügig und gastfrei sein. *(Arnold Herwig)*

Schon als 5- bis 7-Jähriger habe ich viele abenteuerliche Streifzüge unternommen und dabei gelernt, meine Bedürfnisse wahrzunehmen. Später bin ich aus dem Gymnasium überwiegend wegen schlechten Betragens hinausgeworfen worden, weil ich manchem dominanten Lehrer, vielfach alte Nazis, die Stirn geboten habe. Ich bin im Grunde ein Einzelkämpfer geblieben, mit Zivilcourage, Mut, wenig auf den eigenen Vorteil bedacht, mit allen Nachteilen, die daraus erwachsen. Als meine Mutter noch lebte, sagte sie wiederholt: »Du bist wie dein Vater!«. Das habe ich nicht ungern gehört. *(Norbert)*

Völlige Selbstständigkeit und Unabhängigkeit, Sensibilität und Verletzlichkeit, großes Bestreben nach Autarkie und Autonomie, Hang zum Perfektionismus, kein ausgeprägtes Machtbewusstsein, treu und zuverlässig, schlechter Anwalt meiner Selbst, uneigennützige Hilfsbereitschaft ohne Selbstausbeutung. *(Jürgen)*

Schwierigkeiten: Auseinandersetzung mit einem Phantom. Stärken: sich messen an einem Phantom. *(Otto Schricker)*

Ich weiche, wenn eben möglich, Konkurrenzkämpfen aus. Wenn es aber hart auf hart geht, neige ich zu Überreaktionen. Die Depressionen, die mich ab und zu überfallen, haben mit einer Reihe von Verlusten zu tun; der erste und wichtigste Verlust war wohl der meines Vaters. Gegen solche Einbrüche steht ein Grundvertrauen zum Leben; ich bin ziemlich sicher, dass auch das auf meinen Vater zurückgeht. Mein Leben lang habe ich fröhlich mit vielen Schulden gelebt, ohne dass sie mich wirklich bedrückt hätten und ohne so etwas wie ein Sicherheitsbedürfnis zu spüren. *(Karl-Heinz)*

Ein gewisser Minderwertigkeitskomplex. Es fehlte mir Durchsetzungskraft. *(Gernot Lieck)*

Unter dem Druck von Versagensängsten

Söhne, die ohne Väter aufgewachsen sind, reden häufig davon, ihre Jugend sei eine einzige Herumhampelei gewesen, das Leben dominiert von Unsicherheiten bei Frauen, im Beruf etc. Können Sie das nachvollziehen?

Zunächst konnte ich mit der Frage (nach der Herumhampelei) nichts anfangen, aber die Versagensangst und den internalisierten Leistungsdruck, die darin angesprochen werden, kenne ich auch von mir selbst. Immer das Gefühl: Du bist nicht gut genug, das ist nicht sicher, das musst du auch noch machen, dann ... Ich denke immer schon an das nächste Projekt, das ich auch noch schaffen muss. Nichtstun löst bei mir Angst aus, aber zunehmend wird die Arbeit auch zur Last. Ich weiß nicht, ob das mit dem fehlenden Vater zusammenhängt. *(Arnold Herwig)*

Die angesprochene Unsicherheit kann ich durchaus nachvollziehen. Da ich im Alter von 16, 17 Jahren zwischen hochgespannten Idealen und einem engen Alltag lebte, waren auch meine Maßstäbe zur Beurteilung des eigenen Könnens, eines sinnvollen Verhaltens und der Wirkung auf andere wohl unsicherer als bei jungen Menschen allgemein. Das lag auch daran, dass *die* Bezugsperson, meine Mutter, obwohl durchaus gebildet, tüchtig und beliebt, wenig Selbstbewusstsein hatte und großen Respekt vor Autoritäten. Das durch gute schulische Leistungen gewonnene Selbstvertrauen blieb freilich labil zwischen zunehmender Arroganz und massiven Selbstzweifeln, bis mich das Studium wieder bescheidener und zugleich im Selbstgefühl ausgeglichener gemacht hat. Ich gewann Gelassenheit gegenüber fremden Urteilen im Grunde erst, als mit Etablierung als Professor und als Ehemann und Vater eine vorher nicht gekannte »Normalität« erreicht war. *(WKB)*

Das tragische »Herumgehampele« kann ich überhaupt nicht nachvollziehen. Mein Unerwünschtsein hat dazu geführt, dass ich schon als Kind ein hohes Maß an Autonomie angestrebt habe. Trotz der guten Beziehung zu meinen beiden Schwestern war ich oft allein, aber nie einsam. *(Norbert)*

Ich kann diese Aussage über die »Hampelei« nachvollziehen, würde es aber differenzieren ... Zustimmen kann ich der fundamentalen Unsicherheit, deute dies allerdings nicht nur negativ. Ich habe heute noch eine unsägliche Angst vor jedem Vortrag – möchte fast immer vorher weglaufen. Diese basale Furcht ermöglicht mir aber die extreme Präsenz. *(Günter Oesterle)*

Ja, es war ein »Herumgehampele«! Rückblickend ist mir vieles so peinlich, dass ich nicht gern daran erinnert werden möchte. *(Henning Schüler)*

Den Gedanken vom »Herumgehampele« kann ich zwar nachvollziehen, als Historiker weigere ich mich, meine wirklich vorhandenen Unsicherheiten und die sich daraus ergebenden Skrupel in Entscheidungssituationen allzu monokausal auf die Vaterlosigkeit zurückzuführen. Ich habe eher gelernt, mit ihnen umzugehen und ohne Bestätigung von außen zurechtzukommen. *(Walter Gerschler)*

Die Klage kann ich gut nachvollziehen, allerdings hat sich bei mir sehr wohl einiges geändert. *(Valentin)*

Das angesprochene Problem ist für mich eine Frage nach missglückten Lösungen an sich notwendiger Identitätskrisen. Beim Wechsel von einer Altersstufe in eine höhere, bei Einschnitten, die das Leben verändern, treten sie wie selbstverständlich auf. Sie sind ein schmerzvoller Lernvorgang, um sich in einer neuen Lebenssituation zu bewähren. Das ist ohne Stütze, ohne verlässliche Bezüge, Freunde und Vorbilder nur schwer zu schaffen. Den ewigen Zappler, wie er in der Frage beschrieben ist, jenes »Woody-Allen-Syndrom«, kann ich wohl verstehen. Alles zu beginnen, um dann vor allem zurückschrecken; jede begonnene Beschäftigung abzubrechen, denn man könnte in der Zeit andere, nicht minder wichtige Dinge versäumen – dieses Los ist an mir vorübergegangen, aber – wie ich vermute – nicht zufällig. Da wirkte sich segensreich aus, was ich einmal verflucht habe, nämlich in einem Internat geschunden und geschuriegelt, geregelten Abläufen von Arbeit und Freizeit unterworfen gewesen zu sein. *(Martin)*

Von »Hampelei« kann ich eigentlich nicht sprechen, eher von latenter Unsicherheit darüber, was ich mir in der Öffentlichkeit und anderen gegenüber zutrauen kann, und von geringem Selbstbewusstsein einschließlich der damit zusammenhängenden Vorsicht, mir bei Zukunftsplanungen und Karriereüberlegungen nicht mehr als nur die nächste Hürde vorstellen zu dürfen. Irgendwie hatte ich immer das Gefühl, dass mir eine Instanz (ein Vater?) fehlte, die mir die Adäquatheit, die Richtigkeit, die Berechtigung des von mir erreichten Status bestätigte. Gelegentlich habe ich mir deshalb eine bevorstehende Blamage angesichts des Aufdeckens meines Ungenügens oder den mir von anderen vorgeführten Beweis meines eklatanten Versagens mit anschließender Katastrophe vorgestellt. Ein Gefühl des Lavierens und Ausweichens vor Gefährdungen bis hin zu Strategien des Vertuschens von Schwächen oder des Verheimlichens von Abwegen war die Folge. Das bezieht sich sowohl auf das berufliche Leben als auch auf die Beziehung zu Frauen. *(Jürgen Reulecke)*

Unter meinen Freunden »ohne Väter« sind einige recht forsche Frauenhelden. Ihr Draufgängertum, so vermute ich, kann durchaus mit einer latenten inneren Unsicherheit zu tun haben, eben mit dem Versuch, die beschriebene Herumhampelei zu überdecken ... Ich selbst war eher zurückhaltend und unsicher, was aber auf Frauen offensichtlich einen gewissen Reiz ausüben kann. *(Karl-Heinz)*

Vorbilder und Kompensationen

Woher haben Sie (ohne eigenen Vater aufgewachsen) Ihre Männer-Vorbilder bezogen, wo sie gesucht oder gefunden? In welchem Alter haben Sie welche Männer-Vorbilder gesucht und warum?

Männer, und dazu brauchbare, gab es in meiner engeren Familie nicht mehr. Der eine Onkel blieb in der sowjetischen Besatzungszone, arbeitete wieder als Zahnarzt und kooperierte bald mit dem dortigen Regime (später Volkskammerabgeordneter).

Ich sah ihn sehr selten, und er galt auch aufgrund dieser Geschichte nicht als Vorbild. Mein anderer Onkel in Oberbayern (aus dem Parteiredner für die NSDAP wurde wieder der Dichter) war für mich ein gütiger, aber schon sehr alter Mann, den ich bei den seltenen Besuchen dort als »Großvater« erlebte. Mein Bruder kehrte erst 1947 schwer krank aus Russland zurück und versuchte, mir wieder zu helfen und mich zu behüten. Die Väter der Klassenkameraden waren zunächst nicht vorhanden; die wenigen später zurückgekehrten erwiesen sich als unerreichbar oder, aufgrund der Erzählungen der Freunde, als unbrauchbar. Die Lehrer wirkten auf mich alt, grau und bis auf zwei, drei Ausnahmen kaum an mir interessiert. Verängstigt, wenig leistungsorientiert fand ich in der Schule keine Anerkennung; den einzigen Freiraum vermittelten dann ab 1950 die Pfadfinder. Eine Erinnerung an Lehrer war besonders enttäuschend. Im Winter 1945 lehnte mein Klassenlehrer eine Empfehlung für die Oberschule ab: »Ein Sohn eines Akademikers und eines Offiziers darf nicht mehr die höhere Schule besuchen.« *(Hartmut Radebold)*

Vorbilder fand ich außerhalb der Familie; Leitbild war zeitweise mein Vormund, später eine Gruppe der Turnerjugend. *(Volkmar Wittmütz)*

Da gab es einen Großonkel in Niederbayern, der als einfallsreicher, geduldiger und selbst zeitlebens verspielter Mann ein wahrer Kinderonkel war. Dann lernte meine Mutter, als ich elf Jahre alt war, einen zehn Jahre älteren Mann kennen, der sich mir ebenfalls so gewidmet hat (vom Spielen mit der elektrischen Eisenbahn über Ausflüge auf den Starnberger See bis zur Förderung meiner wachsenden Leselust), dass ich sehr an ihm hing. Der Verlust schmerzte lange, als er nicht mehr kam, weil meine Mutter sich nicht entschließen konnte, noch einmal zu heiraten. Aber beide Männer waren, so viel ich an Zuneigung, Freude und »Welt-Erfahrung« von ihnen bekommen habe, für die Identifikation, wie sie Vorbilder verlangen, doch habituell von mir zu verschieden. Eine Rolle spielten auch manche mediale, durch Bücher oder die Presse nahe gebrachte Vorbilder, reale wie fiktive »Helden«. Zuerst waren es starke und tapfere

Kämpfer, später hauptsächlich geistig und ethisch hervorragende Männer wie Albert Schweitzer. Bei solch jugendtypischer Verehrung von Leitbildern habe ich diese schwärmerisch verinnerlicht und mich unbedingter in eine »Nachfolge« hineingewünscht als Gleichaltrige, die Väter als Vorbild wie als Gegenbild real vor sich hatten. *(WKB)*

Mein Onkel war Direktor eines großen Zementwerkes, – aber manchmal auch eine ganz andere Persönlichkeit. Zum Ende des Krieges ist er Adjutant des Großadmirals Dönitz gewesen, der in den letzten drei Kriegswochen eine Art letzter Reichskanzler war. Mein Onkel war also eine Person der Zeitgeschichte und diese Geschichte interessierte mich. Dazu war er noch klug, bescheiden, sehr diszipliniert, sehr diplomatisch. Für alles habe ich ihn bewundert. *(Henning Schüler)*

Vorbild war mein Vater. Er war ein Denkmal, und diese Erinnerung ist wach geblieben. Männer-Vorbilder habe ich nie gesucht. *(Norbert)*

Der Schwager meines Vaters verkörperte einen mir unangenehmen Männertyp. Ich sehe noch heute sein erstarrtes Lächeln oder Grinsen; besonders fürchtete ich mich vor seinen häufigen Sticheleien. Mein Großvater hat sicher für mich die Rolle des freundlichen, gütigen Vaters gespielt. Er hat mein Heranwachsen für mich spürbar wohlwollend und Anteil nehmend begleitet. Ich kann mich nicht erinnern, dass ich Männer-Vorbilder bewusst gesucht hätte. Vielleicht war das späte Indianer-Rollenspiel (mit 12 bis 13 Jahren) auch ein Suchen nach der Männerrolle. Die manchmal nicht endenden Raufereien und Ringkämpfe waren auf alle Fälle eine intensive körperliche Erfahrung.

Leider haben sich nur wenige Lehrer als positive Persönlichkeiten eingeprägt. Etliche dieser Lehrer waren offensichtlich durch Kriegserlebnisse traumatisiert, »Kriegsversehrte«, auch wenn man es ihnen nicht ansah. Für ihre Probleme hatte damals niemand einen Blick, und so wurden sie auf uns »losgelassen« – ohne nennenswerte pädagogische Ausbildung und ohne Einfühlungsvermögen. Mehrere waren gefürchtete, unberechenbare »Schläger«, ängstlich darauf bedacht, dass ihre (vermeintliche) Autorität respektiert wurde. Männer-Vorbilder habe ich in Jugendgruppen gefunden. Vom 10. Lebensjahr an gehörte ich zum CVJM, der allerdings in meiner Heimatstadt eher »Gemeindejugend« als Verein war und in seiner Prägung keineswegs evangelikal war. Nach der Konfirmation habe ich selbst Gruppen und Freizeiten geleitet. Ein Diakon war für mich eindeutig Vater-Ersatz, als Berater, als Förderer junger Menschen, als Vorbild in theologischer, musikalischer, politischer und menschlicher Hinsicht. *(Heinz-Günther Risse)*

Männliche Vorbilder fehlten. Zu den Brüdern meiner Mutter, einigen Lehrern, Jugendgruppenleitern (CVJM) und Pfarrern hielt ich kritische Distanz. Ich teilte eher die Einschätzung meiner Mutter, dass ich das Idealbild meines Vaters nie erreichen würde. Sie vermisste bei mir auch den Ehrgeiz, mich solchem Anspruch zu stellen. *(Walter Gerschler)*

Vater wurde mir als Karriere-Vorbild nie angepriesen, wohl aber seine Charakteristika, Bescheidenheit und Wahrheitsliebe. Die Rollen waren so verteilt, dass mein Bruder, der meinem Vater äußerlich und »im Gemüt« sehr ähnelte, in seine Fußstapfen treten sollte, wogegen ich, auch aufgrund einer leichten körperlichen Behinderung, als »Intellektueller« aufwachsen sollte. Die Prognosen haben sich erfüllt ... Mein wichtigstes männliches Vorbild war mein Großvater, ein pensionierter Volksschullehrer, der meine Haltung zu Büchern, zum Forschen und zum Lesen, zur Kirche und zur Natur sehr beeinflusst hat. Ich ging sogar zur Pädagogischen Hochschule, um auch Volksschullehrer zu werden. Als 12-, 13-Jähriger kam ich zur Jungenschaft (Bündische Jugend). Zwei bis drei Jahre war ich intensiv dabei, doch als in und nach der Pubertät Mädchen immer interessanter wurden, schwand das Interesse. Die von einigen Teilnehmern der Iserlohner Tagung »Söhne ohne Väter« gezeigte Verbundenheit mit der Jungenschaft (als erwachsene Männer) erschien mir fast abstoßend, vielleicht auch elitär und unreif. *(Arnold Herwig)*

Männer-Vorbilder hatte ich keine. Doch: Es gab sie in der Literatur. Albert Schweitzer, Gandhi, Martin Luther King. *(Reinhard)*

Es ist mir nicht bewusst, dass ich mir Männer-Vorbilder gesucht hätte. Ich lebte einfach so vor mich hin. Trotz mancher negativer Erfahrung war mein Vater in vielen Dingen mein Vorbild. *(Ernst)*

Der Freund meiner fünf Jahre älteren Schwester hat mich in der Pubertät sehr beeinflusst, der Vater meines Freundes auch. Aber ich erinnere mich nicht, erklärtermaßen nach männlichen Vorbildern gesucht zu haben. *(Victor)*

Wegen der Prügel meines Vaters bin ich in Amateur-Boxkämpfe gegangen. In den Boxclub, wo ich schon angemeldet war, durfte ich nicht wegen meiner Mutter. Über einen Mitschüler kam ich zu Erich Rahn, dem Lehrer für Jiu-Jitsu. Bei einer Sportveranstaltung sah ich dann sehr gute japanische Judokämpfer. Erich Rahn verdanke ich viel. Er war Vorbild.

Ich hatte Kontakte zu Indianern West-Kanadas und im Nordwesten der USA, als ich etwas über 40 Jahre alt war. Den Indianern habe ich erzählt, dass ich auch Vertriebener sei – und bin auf Verständnis gestoßen. Mein Englischlehrer sorgte dafür, dass ich mit 16 Jahren in ein englisches Landarbeiterlager (ehem. Deutsches Luftwaffenlager) reisen und dort arbeiten durfte. Hardy Krügers Film lief gerade an: *The One, that got away*. Krüger gefiel mir, aber auch die britische Art vor Ort, jedenfalls die korrekte, ehrliche. *(Gernot Lieck)*

Der Chef, der lieber Klavier spielte und Erpressungen als Homosexueller ausgesetzt war; der Vater meines Schulfreundes, ein Lehrer, der nach einem harmlosen Bubenstreich in Nachbars Garten bösartig in den Arm kniff und Schülern mit seinem Holzbein einen Tritt versetzte – so nicht und so nicht! Vielleicht waren es doch die willensstarken Frauen ... In der Jungenschaft beeindruckten einige der älteren Führer, etwa Graf Kalckreuth, und zwar nicht, weil wir nachts in den Zelten philosophierten oder er über die Haltung seiner Familie zu Hitler berichtete, sondern weil er liebevoll seinen Sohn ins Bärenfell steckte. Da schwang Sehnsucht mit – auch nach dem Bärenfell meines Vaters, das an die Ostfront wanderte. Mit 16, 17 hätte ich gerne einen Mann zum »Reiben« gehabt. Aber es gab keinen in der

Familie oder Bekanntschaft. Die Väter der Klassenkameraden waren erfolgreich, sie unternahmen etwas mit ihren Söhnen. Alles dies fehlte mir. Mein Vormund unterschrieb zwar zweimal im Jahr mein Zeugnis, ließ mir zweimal durch seine Tochter zu Weihnachten ein Hemd bringen; ich empfand sein Interesse für den Sohn seines Freundes aber als bitter jämmerlich. Leitbilder sind nicht erinnerlich. Nicht grundlos setzte ich mich während des Studiums mit der Problematik der Autorität auseinander.

Die Auseinandersetzung mit meinem Vater oder meiner Mutter hielt ich für abgeschlossen, bis Ihr Schreiben (Anm. H. S.: der Fragebogen, siehe Vorwort) auf meinem Schreibtisch lag. Ohne Zweifel lassen sich viele traumhaft schöne Zeiten mit einem kultivierten, belesenen, liberalen, nachsichtigen Vater denken, der mit seinem Reichtum die Entwicklung seines Sohnes liebevoll begleitet und seine Verselbstständigung als Schritt der Familie in die nächste, Verantwortung tragende Generation unterstützt. Aber die in den verschiedenen Berufen erworbenen Erfahrungen zähle ich im Hinblick auf meinen Beruf als Rektor einer großen Schule für Lern- und Geistigbehinderte zu meinen Stärken. *(Ernst Schmidt)*

Der älteste Bruder meines Vaters war mein Lieblingsonkel. Mutter erzählte, dass ich einige Tage, bevor wir auf seinen Hof fuhren, besondern »artig« war; ich musste dort selbst berichten, ob ich brav war oder nicht. Wenn der Rapport nicht gut ausfiel, musste ich in den Wald gehen und einen Stock schneiden. Mit dem sollte ich dann Schläge bekommen – was aber nicht geschah. Dann war da noch der Onkel Hans. In fast allen Ferien waren Mutter und ich in der Familie zu Besuch. Mit den beiden Vettern habe ich noch heute ein fast brüderliches Verhältnis. Mein Onkel Hans war perfekt in allem, er wusste alles und konnte alles so gut erklären. *(Wolfgang Deimel)*

Mein Vater und seine Vorbilder haben mich in der Jugend geprägt. Friedrich II. von Preußen spielte eine Rolle, aber auch der Große Kurfürst. Vor allem aber mein 1935 verstorbener Großvater. Bis Ende des Krieges war für mich klar, dass ich Berufsoffizier werden wollte, wobei das Preußische eine Rolle spielte, nicht der NS-Staat. Danach kam ein Umdenken aufgrund der Erfahrungen im besetzten Łódź, dafür waren schließlich auch mein Vater und mein Patenonkel mitverantwortlich. Bewusst habe ich keine Männer-Vorbilder gesucht. Ich wollte keine Autoritäten mehr akzeptieren. Beeindruckt hat mich der Satz von Tusk (Anm. H. S.: Eberhard Koebel, Gründer einer einflussreichen Gruppierung der Jugendbewegung vor der NS-Zeit): »Treue ist eine Altersversorgung für Führer«.

Ich denke heute, dass ich das große Glück hatte, in zwei Gruppierungen sozialisiert zu werden: der Deutschen Jungenschaft und dem Nachfolgekreis Stefan Georges. Später habe ich das einmal so formuliert: Ich saß zwischen zwei Stühlen und damit auf meinem eigenen. Ich suchte Freunde, keine Männer-Vorbilder! *(Wolfgang Hempel)*

Mein Leben war überwiegend von starken und harten Frauen geprägt. Dann waren es aber doch die Väter meiner Freunde, die in heilen Familien lebten, mal meine Lehrer, vor allem der Klassenlehrer, der vor der ganzen Klasse lobend meinte, ich würde vielleicht einmal sein Nachfolger werden – und damit letztendlich nicht Unrecht hatte. Ich hatte ihn nicht als Vorbild gesucht, aber in ihm eines gefunden. Solch ein Pädagoge wollte ich auch einmal sein. In äußerst schwierigen Jugendjahren war dann der Jugendleiter unserer Kirchengemeinde ein Vorbild, ein wundervoller Mensch mit viel Einfühlungsvermögen. Er vermittelte mir das Gefühl von Geborgenheit und Akzeptanz. Imponiert hat mir vor allem sein Idealismus. Vaterfigur? Eher großer Bruder, aber das reicht mir. Danke! *(Rainer John)*

Die Suche nach Vorbildern ist bei mir unterbewusst abgelaufen. In der Familie gab es jedenfalls kein Vorbild; mein Großvater mütterlicherseits war ein freundlicher, lieber, älterer Herr, für mich jenseits von Gut und Böse. Da gab es einen Freund der Familie, der intellektuell, vor allem bezogen auf Literatur, sehr anregend war, aber, da auch schon älter, als Vorbild keine Rolle spielte. Sonst waren es eben große, sportliche, offene und kommunikative (für mich ein besonderes Problem) jüngere Männer. Als ich zehn Jahre alt war, wurde bei mir eine Unterernährungs-Tuberkulose festgestellt und ich kam in ein Kinderheim mit wenig Sinn für bewegungshungrige Kinder. Wir wurden regelrecht gemästet. Die Folge war enormes Übergewicht und schwer empfundene Unsportlichkeit. Das hat mich nachhaltig geprägt. Die Probleme mit dem eigenen Körper haben die Wahl meiner Leitbilder beeinflusst. Erst Jahre später habe ich realisiert, dass ich selbst über erhebliches Potential auf sportlichem Gebiet verfügte, und ich wählte Sport als Studienfach. Negativ-Leitbilder haben für mich wohl grundsätzlich eine große Rolle gespielt. *(Valentin)*

Vorbilder wurden drei erwachsene Freunde, alle im Alter meines Vaters; der Maler Fritz Ruoff, der Pfarrer M. Lörcher und mein Deutschlehrer Erich Rall. Wichtig war mir, dass sie mit ihrer Vergangenheit offen umgingen; sie durften keine Nazis gewesen sein. *(Peter Härtling)*

Ein junger katholischer Vikar; er organisierte Sommerzeltlager für die Pfarrjungschar; ein Sportlehrer, er entdeckte mich in der ersten Unterrichtsstunde bei ihm als vaterlosen Sohn eines Soldatenkameraden aus seiner Kompanie, in der mein Vater Mitte der 30er Jahre kurze Zeit Mitglied und offenbar ein sehr guter Handballspieler gewesen war. Dann ein Klassenlehrer am Barmer Aufbaugymnasium, ein immens herausfordernder, scharfer, z. T. geradezu sadistisch-quälender Lehrer, zudem ziemlich eitel, der eine massive Härte- und Auslesepädagogik betrieb (ein Vertreter einer Art geistig-philosophischen Soldatentums). Er wurde von den Schülern gehasst, während ich allmählich ein ambivalentes Verhältnis zu ihm fand. Weiterhin ein vierter Mann, mein Stiefvater, den meine Mutter nach Jahren des Zögerns schließlich geheiratet hat. Er hat in meinem Leben »nur« die Rolle eines liebenswerten, ständig hilfsbereiten, aber zurückhaltenden Begleiters meiner Mutter gespielt, der sich in seiner einfachen Art jeder Form von Eingriff in meine Erziehung enthielt. *(Jürgen Reulecke)*

Meine Männer-Vorbilder habe ich innerhalb der Familie bei meinem Großvater gefunden. Mit ihm konnte ich schmusen, ihm meine schulischen Probleme anvertrauen, mich einfach wohl fühlen. Später war ich dann in einer Messdiener-Gruppe, den sechs Jahre älteren Gruppenführer konnte ich als Vorbild bezeichnen. Dazu eine starke Bindung zur katholischen Kirche, die nicht ohne Grund als eine »Männerkirche« bezeichnet wird. *(Helmut Schlotmann)*

Rennfahrer, Indianer, der Alte Fritz, Lehrer, ab 12 dann Kriegshelden, Jungvolkführer, Karl-May-Helden, mythische Helden. Ab 17 biblische Vorbilder, einzelne Lehrer. Mit 17 war ich bei den Christlichen Pfadfindern. Dort wurde mir ein ritterlich-züchtiges Körperverhalten vermittelt: viel Selbstkontrolle, Aufbewahren der Sexualität für die Ehe, Distanz zu Mädchen. Das Fehlen echter Leitbilder für Erotik/Sexualität hat mir lebenslang Unsicherheit gegenüber Frauen beschert. *(Peter Dehmel)*

Männer-Vorbilder habe ich durch meine beiden Großväter bezogen, ab etwa dem 12. Lebensjahr hat mich auch der örtliche Leiter der Pfadfindergruppe, ein Diakon, beeinflusst. Ich glaube nicht, dass ich männliche Vorbilder gesucht habe; ich habe den Vater nie vermisst. *(Johann Meseth)*

Nachdem mein Vater vermisst gemeldet wurde, zog meine Mutter zu ihrem Vater, einem Landarzt, auf die Schwäbische Alb. Dieser Großvater (später auch der väterliche) dürften die wichtigsten männlichen Vorbilder für mich gewesen sein. *(Günter Oesterle)*

Keine Männer-Vorbilder; später Typen wie Elvis Presley. Mein Bruder ist zwei Jahre älter, das Verhältnis zu ihm ist von jeher gestört, nur Rivalität und Unverträglichkeit. Als ich etwa um 1950, mit 13 Jahren, von einem Klassenkameraden in eine Pfadfindergruppe eingeführt wurde, tat sich mir eine neue Welt auf. Ich konnte die Laute meines Vaters nehmen, auf der er höchstens noch zu Weihnachten spielte, und die ersten Fahrtenlieder üben. Ich konnte die Gedichte von Stefan George und den *Cornet* von Rilke, die ich im Bücherschrank meines Vaters gefunden hatte, am Lagerfeuer vortragen. Mit 15 war ich bereits Stammesführer und führte zwanzig Berliner Jungen von Bayreuth nach Bamberg und zurück durch die fränkische Schweiz. Als wir die Rituale und militärischen Hierarchien der Pfadfinderei satt hatten, gingen wir sechs Stammeshäuptlinge zu unserem Gauführer und erklärten ihm: Nun führe dich mal mit deinem Pfadfinder-Offizierskorps alleine, wir nehmen jetzt unsere Stämme und treten aus. Wir gründen eine autonome Jungenschaft. Der Mann, der schon fast dreißig war und kurz vorher die schöne Pfadfindermädelführerin geheiratet hatte, weinte. Wir standen auf und gingen. Das war unser Vatermord, den wir an unseren realen Vätern, die den meisten von uns ja fehlten, nicht verüben konnten. *(Dirk Haberstet)*

Erst heute, im Nachhinein, kann ich festmachen, dass Männer außerhalb der Familie so etwas wie Vorbildfunktion hatten: Untermieter, großer Bruder eines Klassenkameraden und Vater einer Mitschülerin. Der Untermieter wohnte bei uns im Haus, nahm sich meiner an bzw. ich hing mich an ihn an. In der Vorpubertät war es der große Bruder des Klassenkameraden; meine Verehrung für ihn ging so weit, dass mir Homosexualität nachgesagt und ich von einem Ferienaufenthalt vorzeitig nach Hause geschickt wurde. Der Vater hatte wohl Angst, ich würde seinen Sohn verführen. Der Vater der Mitschülerin erinnerte mich optisch an meinen Vater, und auch ihn bewunderte ich wegen seiner praktisch-technischen Fähigkeiten. *(Jürgen)*

Mein Männer-Vorbild war zunächst mein Großvater, der im selben Haus wohnte, mich in seine handwerklichen Tätigkeiten einbezog, mich in die Geheimnisse der unmittelbaren Umgebung (z. B. Stollengänge im Freiberger Bergbaugebiet) einführte und mir die Augen für die Schönheiten der Natur öffnete. Dazu vermittelte er manche Lebensweisheit wie z. B. die, dass ich mich vor Männern im schwarzen Rock (also Pfarrern) hüten solle, da sich der Teufel vorzugsweise hinter diesen verstecke. Dies habe ich leidvoll erfahren müssen: Mein Leben hat einige Pfarrer tangiert, die mich sehr positiv beeindruckt haben – die Liste der anderen ist länger, wohl auch aufgrund der höheren Erwartungen. Leider ist mein Großvater im Frühjahr 1946 an Verletzungen gestorben, die er kurz nach Kriegsende bei der Verteidigung meiner Mutter vor sowjetischen Vergewaltigern erlitten hatte. Meine Mutter konnte fliehen, mein Großvater starb fast ein Jahr lang einen qualvollen Tod. *(Johannes Thiele)*

Ich sah ihn (den getrennten Partner meiner Mutter nach 1957) noch gelegentlich, und er war sehr stolz, als ich ihm 1968 von meiner erfolgreichen Promotion berichten konnte. Er hat mir als Zeichen unserer Verbundenheit Chambers *Encyclopedia* vermacht. Er war eine Kopfgeburt wie ich. Seinetwegen habe ich auch den fehlenden Vater, an den ich ohnehin keine sinnliche Erinnerung hatte, nicht so sehr vermisst. Es ist sicherlich Spekulation, aber wenn mein Vater den Krieg überstanden hätte, hätte es schwere Spannungen gegeben. *(FRH)*

Geprägt haben mich ein Onkel aus Dortmund und der Stiefgroßvater. Sie haben mir auch ein bestimmtes Sicherheitsdenken mitgegeben, also Höhere Handelsschule, dann was Technisches lernen, zu Krupp. Dann wurde der CVJM meine Heimat – und das ist sie bis heute. *(Wolfgang)*

Männlichen Umgang gab es genug in einem Geschäftshaus mit Abteilungsleitern, Buchhaltern, Verkäufern und Chauffeuren. Von ihnen wollte ich immer wissen, »wie es im Krieg war«. Ich wollte in der Pubertätszeit, zwischen 12 und 14 Jahren, unbedingt wissen, wie das ist, wenn man kämpft, siegt und fällt. Ein Männerideal, das den Vater hätte ersetzen können, war nicht darunter. Es wäre inzwischen auch unklug gewesen, nach einem solchen zu suchen, denn an den toten und in Gedankenwelt und Entscheidungsfindung benötigten Vater kam nichts ernstlich heran. Sein »Heldentod« wurde sogar noch erhöht, weil er – so wurde mir von Nachbarn zugeflüstert – ja nicht unbedingt in den Krieg hätte ziehen müssen, hätte er nur mit etwas Nachdruck seine »UK-Stellung« (Anm. H. S.: Abkürzung für »unabkömmlich«) betrieben und als Wohlhabender einige Mittel dafür eingesetzt. So hatte ich den Eindruck eines beinahe »Kriegsfreiwilligen«, der aus deutschnationaler Familientradition sein Los auf sich nahm. Kriegsteilnehmer versicherten mir obendrein, dass diejenigen mit einem Rekrutierungsalter von Ende 30 wenig Überlebenschancen gehabt hätten. *(Martin)*

Diethart Kerbs: Eine Kosakengeschichte[11]

»Fast jeder, dessen Biografie über die Mitte des eben vergangenen zwanzigsten Jahrhunderts zurückreicht, ist in irgendeiner Weise mit den Kriegen der ersten Jahrhunderthälfte und ihren Folgen in Berührung gekommen. Besonders die zwischen 1920 und 1940 Geborenen haben fast alle den eisigen Wind der Weltgeschichte zu spüren bekommen. Ich will versuchen, über ein Kindheitserlebnis aus der Endphase des Zweiten Weltkriegs zu berichten und über seine historischen Zusammenhänge nachzudenken.

Es muss im Spätsommer 1944 gewesen sein. Meine Mutter war mit ihren drei Kindern, also mit meinen beiden jüngeren Geschwistern und mir aus Berlin, wo die Bomben fielen, nach Pommern aufs Land geflohen. Dort erhielt sie die Einladung einer Freundin, die als Krankenschwester in den so genannten Warthegau versetzt worden war. Sie hatte dort in Eichstedt den Bürgermeister, einen biederen, beleibten SA-Mann geheiratet. Er schien in der mehrheitlich von Polen bewohnten Kleinstadt der einzige SA-Mann zu sein. Die Freundin meiner Mutter war zuständig für die wenigen Deutschen, die dort lebten. Außerdem gab es einen jüdischen Arzt, der zwar deutsch sprach, aber nur Polen behandeln durfte. Ich war sechs, als wir Mitte 1944 nach Eichstedt kamen. Die Erwachsenen sprachen vom Krieg, aber der schien noch weit weg zu sein, irgendwo in Russland. Da passierte eines Tages etwas Erstaunliches: Eine ganze Armee, so schien es mir, zog durch die kleine Stadt. Der Zug war am Vortag öffentlich angekündigt worden und so standen wir Kinder erwartungsvoll am Straßenrand. Was dann kam, war ein Heereszug, wie er hier wohl zum letzten Mal in Mitteleuropa zu sehen war: ein Kosakenregiment zu Pferde, insgesamt sicher mehr als zwei- oder dreitausend Menschen. Voran eine berittene Kapelle, die beim Zug durch die Stadt kräftig aufspielte. Dann die Offiziere, zuerst die deutschen, etwa zwanzig in graugrünen Uniformen, mit silbernen Kragenspiegeln und Achsenklappen, danach mindestens doppelt so viele russische in dunkelblauen Uniformen, die mit rot und grün abgesetzt waren. Unter diesen drei oder vier schöne junge Frauen, ebenfalls hoch zu Pferd und in Uniform, vielleicht Dolmetscherinnen oder Ärztinnen. Dann kamen die berittenen Soldaten, die Gewehrte schräg über den Rücken, die Säbel an den Seiten. Und schließlich eine schier endlose Reihe von Panjewagen, auf denen zwischen Fellen, Decken und Gepäckbündeln die Kosakenfamilien saßen, Frauen, Alte und Kinder. Ein ganzes Reitervolk auf Wanderschaft.

Es hielt mich nicht in der Stadt. Als die Soldaten mit ihren schönen neuen Uniformen an mir vorbeigezogen waren und nur noch die Panjewagen folgten, bin ich nebenher gelaufen und bettelte darum, mitfahren zu dürfen. Man verstand mich zwar nicht, aber der Wunsch war zu offensichtlich. Irgendwer hob mich auf einen Panjewagen, da saß ich stolz und glücklich bei einer Kosakenfamilie. Ich wäre gern geblieben und endlos mitgereist. Aber irgendwann, nach ein paar Kilometern und schon weit außerhalb der Stadt, wurde ich wieder abgesetzt. Da stand ich nun am Straßenrand und ließ die Panjewagen an mir vorbeiziehen. Eine Frau, die mit dem Fahrrad auf dem Heimweg war, brachte mich in die Stadt zurück. Meine Mutter weinte, als sie mich in die Arme schloss. Sie dachte, ich sei entführt worden, was mir wohl gefallen hätte. Ich sprach tagelang von nichts anderem als von den Kosaken. Das legte sich erst, nachdem meine Mutter mir aus Kaninchenfell eine Kosakenmütze genäht hatte. Diese Fellmütze, einer echten Tschapka nachempfunden, die mich in einer sonst eher von Frauen dominierten Umgebung als Angehöriger eines kriegerischen Reiterstammes auswies, ging in den letzten Kriegsmonaten verloren. Als wir nach drei Monaten Flucht und Fußwanderung wieder in Berlin angekommen waren und in den nahen Wäldern spielen konnten, wurde sie irgendwann durch einen Indianerkopfschmuck aus Gänsefedern ersetzt. Auf diesen folgte drei Jahre später das graurote Halstuch eines Pfadfinderstammes, das dann bald von der Jungenschaftsjacke mit den weißen Trotteln abgelöst wurde. Wir ritten auf Fahrrädern durch den Wald, saßen in schwarzen Zelten und sangen ›Platoff preisen wir, den Helden ...‹.

Später habe ich versucht, etwas über jene Kosaken in Erfahrung zu bringen, die mir im Spätsommer oder Frühherbst 1944 im Warthegau begegnet waren. Es sollen Kuban-Kosaken gewesen sein, die als Angehörige der ›Russischen Befreiungsarmee‹ ROA auf dem Truppenübungsplatz Mielau in Ostpreußen unter dem russischen General Wlassow und dem deutschen Oberbefehlshaber von Pannwitz ausgebildet worden waren und nun auf dem Weg nach Südwesten zu ihrem ersten Kriegseinsatz waren. Die ROA war erst ein halbes Jahr vor Kriegsende gegen den ursprünglichen Willen Hitlers und nur mit dessen zögernder Zustimmung aufgestellt worden und soll fast eine Million Kriegsfreiwillige (ehemalige Kriegsgefangene und Überläufer sowie weißrussische Emigranten aus der Zeit um 1920) auf deutscher Seite rekrutiert haben. Rückblickend spricht man zusammenfassend von der ›Wlassow-Armee‹. In Wirklichkeit handelte es sich um unterschiedliche Verbände, die jedoch das gemeinsame Ziel hatten, die Sowjetunion vom Stalinismus zu befreien und unter deutscher Oberhoheit eine neue Ordnung mit weitgehender Autonomie der Regionen und Völker zu schaffen. Allein über 200 000 Kosaken sollen in kleineren oder größeren Verbänden auf deutscher Seite organisiert worden sein. Sie sind 1945 zu über 80 Prozent von den Engländern in Kärnten und Slowenien interniert und anschließend an die Sowjetunion ausgeliefert worden. Dort sind die meisten von ihnen in den Straflagern Nordsibiriens umgekommen.

Trotz mancher Illustriertenberichte und kitschiger Filme seit den fünfziger Jahren, trotz einiger militärhistorischer Veröffentlichungen und Zeitzeugenberichte ist die Geschichte der Kosaken im Zweiten Weltkrieg und die Geschichte der Wlassow-Armee bisher nicht umfassend und erhellend genug dargestellt worden. In den vergangenen zehn Jahren hat es in Russland so etwas wie eine kleine ›Kosaken-Renaissance‹ gegeben, leider weniger im Sinne einer (selbst-)kritischen Aufarbeitung der tragischen Geschichte als eher im Sinne eines martialischen Auftretens in neuen konservativen und rechtsradikalen Zusammenhängen. In Deutschland wird in bündischen Gruppen – soweit es sie noch oder wieder gibt – eine ungebrochene und unreflektierte Kosakenromantik gepflegt. Es werden die Lieder der roten Revolutionsarmee wie die der konterrevolutionären Koltschaktruppen gesungen – Hauptsache, es klingt irgendwie stark und fremd, wie so manche russische Lieder, deren Texte wir gelernt haben, ohne sie zu verstehen.«

Pflichten und Lebensplanungen

Pflichterfüllung und Karriere machen – als unbewusste Pflichterfüllung dem Vater oder der (verlassenen) Mutter gegenüber: Wie sehen Sie das heute in Ihrem Leben?

Im Blockadesommer 1948 wurden vom Deutschen Pfadfinderbund Zeltlager für die Jugendlichen angeboten. Meine Mutter meldete mich gegen meinen Widerstand an. So begegnete ich erstmals – zurückgezogen und ängstlich – der bündischen Jugend. Zunächst konnten die damaligen führenden Männer bei den Pfadfindern mit dem lang aufgeschossenen blonden und blauäugigen, aber doch gehemmten Jungen nichts anfangen. In dieser Situation entwickelte sich ein bestimmtes Muster meines Umgangs mit Männern (welches ich allerdings erst viele Jahre später in seiner Dynamik begriff): Überall der Jüngste, bemühte ich mich mit hohem Ehrgeiz mit meinen unverändert vorhandenen intellektuellen und organisatorischen Fähigkeiten, die Anerkennung der führenden Männer zu erringen und genoss diese sehr. Meine Erwartungen und Wünsche an diese Männer waren jedoch so groß, dass sie in Wirklichkeit, und dazu auf Dauer, nicht erfüllt werden konnten. Irgendwie enttäuscht verließ ich sie jedes Mal wieder und bekämpfte sie erbittert. Dazu konnte ich im Sinne einer seelischen Vorwärtsverteidigung sehr ironisch, verletzend bis messerscharf andere attackieren. 1951 gab es eine besonders schmerzliche Enttäuschung, als einer dieser bewunderten älteren Männer versuchte, mich sexuell zu verführen. Durch den Übergriff war ich tief beunruhigt.

Nur Bemühen, Leistung und später auch vorzeigbare Erfolge brachten für viele Jahre eine gewisse, wenn auch nur vorübergehende Sicherheit. Erst seit meinem 60. Lebensjahr bin ich mir zunehmend darüber sicher, wer ich bin, was ich kann und auch nicht kann und bin jetzt fähiger, meine Interessen und Wünsche vor mir und meiner Umwelt zu vertreten. Meinen beruflichen Ehrgeiz gestand ich mir erst während des Staatsexamens zu und fing dann an, ihn umzusetzen. Nach dem Vorbild des Vaters wurde ich Arzt. Bestimmt habe ich seinen tiefen Lieblingswunsch erfüllt: eine insgesamt doch erfolgreiche akademische Karriere. Die Pflichterfüllung stammt bestimmt von beiden Elternteilen, ebenso meine lange Zeit vorherrschende Einstellung, sich um Patienten und Mitarbeiter kümmern zu müssen. Erst spät konnte ich mich aus dieser »Normsetzung« lösen und mehr nach eigenen Bedürfnissen und Wünschen fragen. *(Hartmut Radebold)*

Solange ich mich zurückerinnere, habe ich zu Gott gebetet. Zunächst in kindlich naiver Form, später formulierte ich meine Ansprache zu Gott selbst. Es waren harte Worte, die ich gebrauchte. Wie Hiob machte ich ihn für mein Unglück und Leid verantwortlich, schleuderte ihm meine Wut entgegen – und entschuldigte mich dann wieder, weil ich meinte, so dürfe man nicht mit Gott reden. Zorn empfinde ich auf Menschen, die dieses Leid – nicht nur an mir – verursacht haben und auch heute noch verursachen. Ich bin Pazifist und hasse alle, die Krieg befürworten, ja mitverantworten – es müssen ja nicht immer die großen Politiker sein! Und dennoch möchte ich eines auf keinen Fall: Meine Sensibilität und meinen Humor verlieren.

Dass ich pflichtbewusst bin, wurde mir oft gesagt, und ein wenig Karriere habe ich auch gemacht. An Vater, Mutter oder Familie habe ich dabei aber nicht bewusst gedacht. Ich wollte einfach meinen Weg gehen. *(Rainer John)*

Mein Pflichtbewusstsein ist grauenhaft. Die Angst, inadäquat zu sein, treibt mich immer wieder. Das mag sowohl am fehlenden Vater liegen als auch am Flüchtling- und Arm-gewesensein. So ein erbarmungsloses Über-Ich wünsche ich keinem anderen Menschen. Ich kümmere mich nicht nur um mich, sondern auch noch um das Wohlergehen anderer und bin dadurch sehr gut ausbeutbar, weil ich nicht Nein sagen kann. Freunde beneide ich bisweilen um ihre Väter, hatte aber vor manchen Vätern auch Angst. Gegenüber autoritärem Verhalten bin ich auch heute noch oft allergisch. Gleichzeitig habe ich große Hochachtung vor den Leistungen anderer Kollegen, denen gegenüber ich mich oft als weniger kompetent empfinde und unsicher bin, obgleich ich in meinem Spezialgebiet international viel Anerkennung finde. *(Arnold Herwig)*

Ich traf frühzeitig Entscheidungen, die mit meiner Erziehung zur totalen Unterordnung geradezu in Widerspruch gestanden haben; denn bis zum Abitur änderte sich mein Dasein, das dem in einer strengen Kadettenanstalt glich, nicht. Klassenkameraden und der Bruder fragen sich heute noch, woher ich das Selbstbewusstsein bezogen haben könnte, als Dreizehnjähriger in einem strengen humanistischen Gymnasium im letzten Unterstufenjahr einen Antrag einzureichen, der mich vom Griechisch-Unterricht befreit, um stattdessen bei einer Baronin am Ort Englisch- und Französischstunden zu nehmen. Der Antrag wurde tatsächlich von der Landesschulbehörde genehmigt und so eroberte ich mir ein Stück Freiheit mitten im Gefängnis. Umgangsform und Umgangston der adeligen Dame unterschied sich von allem, was ich bis dahin erlebt habe. Plötzlich war ich »junger Herr« und wurde ernst genommen. Das letzte Mal, als ich meinen Vater als Schutzgeist gegen Familienvorstellungen aufbot, war die Eröffnung, dass ich den Kaufmannsberuf nicht ergreifen wolle und mir einen akademischen Beruf suchen würde.

Jedes Mal, wenn eine berufliche Karriereleiter erklommen war, schoss blitzartig die Frage auf: Was würde Vater jetzt wohl dazu sagen? Wenn er doch bei dieser oder jener Feierlichkeit anwesend sein könnte, alles mitbekommen würde: das Auf und Nieder in meiner Lebensmitte und schließlich das Angekommensein, beurkundet mit der Unterschrift eines Ministers. Als ich mich im Auftrag des Goethe-Instituts auf eine ausgedehnte Lateinamerikareise begeben durfte, muss der unbewusste Mitteilungsdrang, es doch ganz schön weit gebracht zu haben, stark zugenommen haben. In der argentinischen Andenstadt Mendoza kam es nachts im Traum zu einer Begegnung mit dem Vater. Sie war durch keinerlei Verschiebung und absurde Brüche, wie sie Freud in seiner Traumdeutung schildert, gestört. Es war ein seltener »Wahr-Traum«, der nach einiger Zeit rückblickend real stattgefunden haben könnte. Wir standen uns gegenüber, Vater war etwas kleiner als ich, so wie er mir geschildert wurde, und hörte aufmerksam meiner Lebensgeschichte zu. Er gab sich im klaren Gespräch anerkennend, machte mir Komplimente wie einem Erwachsenen gegenüber. So hat mich zumindest ein Traumerlebnis einem unerfüllbaren Wunsch ganz nahe gebracht.
(Martin)

Als guter Schüler mit einem Spitzenabitur entschloss ich mich 1962 zum Studium, zunächst Orientalistik. Ich hätte jemanden gebraucht, der mir mit Rat und Tat zur Seite stand, eben einen Vater. So experimentierte ich ohne wirklichen Plan. Die Aufnahme in die Studienstiftung missglückte, was mich aber nicht weiter kränkte. Ich entschloss mich abrupt, nicht Orientalistik, sondern Jura zu studieren und folgte meinen zwei Brüdern nach Göttingen, wo wir zeitweise zu dritt eine Zweizimmerwohnung teilten. Ich wechselte erneut, zu Romanistik und Geschichte. In Freiburg wurde ich Hilfskraft des bekannten Romanisten Hugo Friedrich, dem ich, wie Eckermann Goethe, mehrere Jahre als Famulus zur Hand ging. Er wurde mein verehrter Zweitvater und erzählte mir viel aus seiner Kölner Assistentenzeit, denn er hatte sich dort 1934 ohne Lehrer habilitiert, weil sein jüdischer Betreuer, Leo Spitzer, von den Nazis vertrieben worden war. Diese Geschichten dürften der Auslöser sein, dass ich mich seit vielen Jahren mit der Erforschung der deutschen Universitätsgeschichte im Dritten Reich befasse und mehrere Bücher darüber geschrieben habe. Aber auch mein Vater ist dafür ausschlaggebend, denn diese Recherchen sind immer schon ein Stück Vatersuche. In seiner Familienchronik hatte er vermerkt, dass er bereits im Oktober 1939 von einem befreundeten Offizier, der Augenzeuge gewesen war, von Massakern deutscher Einsatzkommandos in Polen erfahren hatte. Er hatte vermerkt, er schäme sich angesichts dieser Verbrechen, ein deutscher Offizier zu sein.

In unserer Ausbildungszeit, den fünfziger und sechziger Jahren, genügte moralischer Druck, um die Kinder zur Leistung hinzuführen. Sexualität, Konsum, Mobilität waren uns verwehrt. Diese Freiheiten musste man sich selbst erwerben, indem man gute Examina machte und einen guten Beruf erlernte. *(FRH)*

Der Tod meines Vaters war ein gravierender Einschnitt im Leben meiner Familie. Ich habe dadurch sehr früh gelernt, selbstständig zu sein und Verantwortung zu übernehmen. Ich habe mich immer für meine Mutter, auch in Vertretung des Vaters, verantwortlich gefühlt und sie unterstützt. Ich habe sie kaum an meinem Leben teilnehmen lassen. Anders war es mit meinem sieben Jahre jüngeren Bruder, der bis zuletzt von meiner Mutter als der »Kleine« bevormundet wurde. Ich vermute, dass das auch ein Grund war, dass mein Bruder vor dreißig Jahren in die USA gegangen ist. In ihren letzten Lebensjahren verwechselte mich meine Mutter immer wieder mit meinem Vater. *(Wolfgang Hempel)*

Viele Leistungen in meinem Leben sind vielleicht aus dem Wunsch zu erklären, anderen der »Vater« zu sein, den ich selbst nicht hatte; entsprechende Anstrengungen reichen von der Herkunftsfamilie über die Jugendbewegung bis zur eigenen Familie und der Hochschullehrerrolle. *(Friedrich)*

Mit zwölf Jahren wurde ich begeisterter Pfadfinder und brachte es zum Meuten- und Stammesführer. Die Sippenführer brachten mir das Rauchen bei, den akkuraten Aufbau einer Kote (Zelt mit Feuerstelle), das Legen von Feuer, das Glück des Draußenseins. Sie waren ernst, verantwortungsbewusst, verwegen, gefühlvoll. Ich erinnere mich gern an all die Kerle mit dem blaugelben Halstuch. Sie waren das Kontrastprogramm zum Mädchenheim, in dem ich aufwuchs. *(Henning Schüler)*

Ich bin in den Jahren der Pubertät planmäßig aus der Familie desertiert, habe mich mit meiner Gruppe im Wald getroffen oder in einer alten Laube, die wir uns als Heim ausbauten. Sobald es möglich war, bin ich im ersten Studienjahr von zu Hause weggezogen und habe mir eine Remise auf einem Schöneberger Hinterhof als Studienbude und Atelier eingerichtet. Meine Mutter hat mich dort gelegentlich besucht. Meinen Vater habe ich von da an nur noch selten gesehen. Wir hatten uns nichts zu sagen. *(Dirk Haberstet)*

Dass der Berufserfolg auch Anteile von Pflichterfüllung gegenüber Vater und/oder Mutter hatte, kann ich nicht leugnen. Aber in erster Linie bin ich Egoist: Mich sollte er befriedigen.

Als ich 16 Jahre alt war, hatte ein Jugendfreund meines Vaters mir eine Lehrstelle in einer Maschinenfabrik verschafft. Das missglückte Vorstellungsgespräch mit dem Chef dieser Firma (mein Zeugnis war elendig schlecht) hat mir dann allerdings zu der Entscheidung verholfen, mich lieber den Anforderungen einer gymnasialen Oberstufe zu stellen. *(Walter Gerschler)*

Nach dem Tod meines Vaters fühlte ich mich manchmal überfordert, und zwar in der Schule, durch Verantwortungsgefühle für meine Mutter und meinen acht Jahre jüngeren Bruder. Ich habe versucht, immer alles richtig zu machen, um meine Mutter, die durch Näharbeiten ihre magere Rente aufbessern musste, nicht noch mehr zu belasten. Mein Bewusstsein, meine Pflichten beruflicher und familiärer Art gewissenhaft zu erfüllen, war ausgeprägt. Karriere habe ich erst gemacht, nachdem die Familiengründung fast abgeschlossen war. *(Helmut Schlotmann)*

Vor allem Pflichterfüllung! Ich wurde zu früh in Verantwortung eingebunden, deshalb übernehme ich auch heute viel – manche meinen: zu viel – Verantwortung, kümmere mich um zu vieles. *(Volkmar Wittmütz)*

Auf die Frage nach unbewusster Pflichterfüllung gegenüber dem toten Vater antworte ich: Zweifelsohne! Da mein älterer Bruder bis zu seinem Tod als Verantwortlicher der Familie fungierte, hatte ich eine gewisse Narrenfreiheit. Aber begrenzt. *(Günter Oesterle)*

Pflichterfüllung war ein wichtiges Motiv in meinem Leben. Karriere machen um der Karriere willen war nicht mein Ding – obwohl ich etwas Karriere gemacht habe. Soziale Anerkennung hat eine gewisse Rolle gespielt, gehörten wir Brüder doch zu den Ärmsten und in der Schule zu den Besten, was natürlich ein Spannungspotential schuf – auf welches jeder Bruder anders reagiert hat – der jüngere leider mit ziemlicher Lebensuntüchtigkeit. *(Johannes Thiele)*

Dass ich mich in meinem Beruf viele Jahre lang auf Kosten meiner Frau und meiner Kinder überfordert und mir/uns nur wenig freie Zeit gelassen habe, liegt sicher nicht nur an kirchlicher Ideologie (»Ein Christ ist immer im Dienst!«), sondern auch an einem Zwang zur »Pflichterfüllung«. Als Schwierigkeit empfinde ich den Mangel an Erfahrung mit dem leibhaftigen Vater; ich möchte doch zu gern wissen, wie mein Leben verlaufen wäre, wenn der Vater den Krieg heil überlebt hätte. Das ist eben leider ein Stück Leere, mit dem ich leben muss. *(Heinz-Günther Risse)*

Pflichterfüllung ist eine große Tugend, der ich versuche nachzukommen. Sie kommt aber ziemlich eindeutig von der Identifikation mit meiner Mutter – deren Leben ist und war Pflichterfüllung. Karriere hingegen ist mir nicht so wichtig. *(Victor)*

Pflichterfüllung hat mein Leben geprägt, aber nicht zu meinem Nachteil! *(Siegmund)*

Pflichterfüllung, das war *meine* Sache. *(Peter Härtling)*

Meine Pflicht zu erfüllen, war in der Nachkriegszeit eine Notwendigkeit. Aus meiner Sicht war das allerdings kein *unbewusster* Vorgang den Eltern gegenüber, sondern weil die Situation es erforderte. Meinen beruflichen Werdegang sehe ich nicht als Karriere an, dazu war er nicht steil genug. *(Jürgen)*

Es könnte sein, dass meine Schullaufbahn etwas von Pflichtgefühl gelenkt wurde. Die Wahl meiner Studienfächer hatte aber nur mit meinen Interessen und Problemen zu tun, auch weil ich ganz auf mich gestellt war und weder finanziell noch sonst irgendwie Sicherheit im Rücken hatte. *(Valentin)*

Arbeiten, anpacken – das war doch selbstverständlich für unsere Generation. *(Wolfgang)*

Ich glaube, Pflichterfüllung und Aufstiegsstreben nur insoweit als Sohn ohne Vater verinnerlicht zu haben, als ich schon früh in »männliche« Alltagsverantwortung wuchs. Die dichte Präsenz meines Vaters als forderndes Leitbild durch den Mund meiner Mutter ist mit den Jahren bei ihr selbst schwächer geworden, bei mir wurde es durch andere Leitbilder überlagert. Stärker wirkten zwei Faktoren: Pflicht und Vorwärtskommen waren wesentliche Erziehungsgrundsätze in einer Kleinbürgerfamilie, aus der in der Generation vor mir erstmals einige studiert, aber im Zweiten Weltkrieg ihr Leben verloren hatten. Ich sollte diesen abgebrochenen Weg fortsetzen, vor allem den des gefallenen Bruders meiner Mutter, des Theologen. Dieses Vorbild hat mich aber überfordert; Theologie habe ich bewusst nicht studiert.

Für Macht an sich habe ich, auch wenn ich konkrete Interessen oft zäh verfolge, wenig Sinn, und Konkurrenz als ein stimulierendes Prinzip musste ich erst lernen. Ich schreibe das vor allem dem Umstand zu, dass ich ohne den Widerpart eines Vaters unter Frauen aufgewachsen bin, die sich meist zu sichtbarer Harmonie zwangen; ihre Konkurrenzen und subtilen Machtrituale hat das Kind noch kaum erkannt. *(WKB)*

Als schlechter Schüler waren die ersten beruflichen Gehversuche ein Herumgehampele, zumal mich Mädchen (und was man mit ihnen machen kann) mehr interessierten als irgendwelche Leistungen. Irgendwann aber muss ich Tritt gefasst haben, und ich entdeckte bei mir Stehvermögen, Geduld und ein unglaubliches Pflichtbewusstsein. Daneben blieb aber immer etwas von jener Spielermentalität, die mir geholfen hatte, die schwierigen Jugendjahre zu überleben. *(Karl-Heinz)*

Frauen und Ehe

Können Sie etwas über Ihre Beziehung zu Frauen berichten? Hat die vorher beschriebene Unsicherheit eine gewisse Anziehungskraft auf Frauen – und wenn ja, welcher Frauentyp fliegt auf solche Männer? »Solche Männer erobern nicht, sondern werden erobert!« (Hartmut Radebold) – können Sie das bestätigen?

Auf mich ist, zu meinem Kummer, nie eine Frau geflogen. Aber das liegt wohl weniger an dem fehlenden Vater als an der im Grunde recht prüden Erziehung, welche während meines Pfadfinder-Seins noch verstärkt wurde nach dem Motto des Schriftstellers Walter Flex »Reif werden und rein bleiben – das ist wahre Lebenskunst«. Der Prozess, eine Lebenspartnerin zu finden, war für mich sehr langwierig, reich an Enttäuschungen und mit viel Unsicherheit von meiner Seite her behaftet. Übrigens fand ich das Gleiche für meinen Vater bestätigt, als ich nach dem Tod meiner Mutter dessen Korrespondenz mit seiner Mutter zu lesen bekam. Der Unterschied: Was mein Vater ganz freimütig mit seiner Mutter erörterte, hätte ich meiner Mutter nie geschrieben. *(Johann Meseth)*

Meine ironische Distanziertheit und mein damit einhergehendes abwartendes Verhalten zogen offenbar nur in geringem Umfang Mädchen an. Dazu war ich zu schüchtern und gehemmt und wohl insgesamt froh, dass zunächst Jugendbund und später Männerbund der Pfadfinder unbewusst Schutz vor dem weiblichen Geschlecht boten. Dazu bestand eine so enge, selbstverständliche und natürlich unhinterfragte Beziehung zu meiner Mutter, die lange Zeit Beziehungen zu anderen Frauen ausschloss. *(Hartmut Radebold)*

Das Verhalten zu Frauen: Man ist bemüht, seine Unsicherheit zu überspielen – und ist besonders charmant. Ja, solche Männer erobern nicht, sie werden erobert. *(Volkmar Wittmütz)*

Natürlich interessierten mich Mädchen ... Wie man Frauen erobert? Ich weiß es nicht. Als Jugendlicher hatte ich eine tiefe Sehnsucht nach einer »reifen« Frau, die mich in alles einführt, was für Frauen wichtig ist. Damit das Herumgehampele endlich aufhört. Die Sehnsucht blieb unerfüllt. Solange ich weitgehend geschlechtsneutral blieb, war ich kein Problem und hatte kein Problem. Doch die erste bewusste Erektion veränderte alles. Fortan sah ich die vierzig Mädchen (die in meiner näheren Umgebung lebten) mit anderen Augen und hoffte nichts inständiger, als dass auch sie mich anders sehen würden. Meine Mutter war vorgewarnt. Bald schwirrten im Hause Gerüchte, mit welchem Mädchen ich auf dem Dachboden, im Pferdestall oder hinter der Scheune geschmust hatte, welche Brüste ich gestreichelt, unter welchen Rock ich gefasst hatte. *(Henning Schüler)*

Als Jugendlicher bin ich »erobert« worden, habe dann aber das Mädchen maßlos überfordert und es als Rettungsanker in meiner Einsamkeit nutzen wollen. Das Scheitern der Beziehung hat für mich eine schwere Lebenskrise bedeutet, und seitdem reagiere ich auf Eroberungsversuche abweisend bis panisch. Bei meiner Frau bin ich dann durchaus aktiv geworden, auch wenn ich da wohl »offene Türen« eingerannt habe. *(Valentin)*

Über meine Beziehungen zu Frauen, früher und/oder jetzt, will ich nicht vor einer Öffentlichkeit berichten, allenfalls mit meiner Frau reden. Das mag als Folge meiner Vaterlosigkeit interpretieren, wer da will. Wahrscheinlich hat er Recht. *(Walter Gerschler)*

Ein Eroberertyp bin ich nicht. Seit dreißig Jahren lebe ich monogam mit meiner Frau zusammen. Früher hatte ich mehrere Beziehungen nacheinander. Ich war eher ernst und treu. Oft hatte ich es bei Frauen leichter als erwartet. Als »Muttersohn« wurde mir penible Achtung vor Frauen eingetrichtert. Der Satz vom Erobert-Werden-Müssen klingt mir etwas zu phallokratisch, selbstgefällig, schmeichelhaft, aber mehrfach war es tatsächlich so. *(Arnold Herwig)*

Eines Tages besuchte mich in G. eine junge Frau, eine Krankenschwester, die ich als Mitglied einer Schülergruppe in einem Wanderheim kennen gelernt hatte. Was dann folgte, entspricht der Frage »Werden solche Männer erobert?« – mit schwerwiegenden Folgen ... Das einzige Mädchen, zu dem ich nach dem Tod meiner Mutter und dem Verlassen der Wohngegend Kontakt behalten hatte, war die Cousine meines Schulfreundes. Sie sollte meine Tanzstundendame werden, zog dann kurz vorher fort. Für die anderen Mädchen war ich uninteressant; was hatte ich denn schon ... Dies hat mich außerordentlich verunsichert. Die starke Einbindung in die Jungengruppe der Bündischen Jugend verhinderte wohl auch ein Training im Umgang mit Mädchen. Frauen waren für mich immer Ältere, Sorgende oder Fordernde. Aus Angst vor einer Bindung ging ich ihnen, trotz aller Affinität, aus dem Weg. Darüber hinaus war mein Wissen über Frauen lächerlich gering. *(Ernst Schmidt)*

Die Bewältigung der basalen Unsicherheit würde ich so beschreiben: Ich habe mir immer relativ risikofreie sublimierte Zonen des Kontaktes gesucht, z. B. das Gespräch. Bezeichnend ist: Obwohl ich gerne tanze, habe ich mich immer gescheut zu tanzen. Auf die Aussage: »Solche Männer erobern nicht, sondern werden erobert« kann ich nicht mit ja oder nein antworten. Auf der einen Seite habe ich mir eben das immer gewünscht, auf der anderen Seite abgewehrt. *(Günter Oesterle)*

In Bezug auf das weibliche Geschlecht lag eine Unsicherheit, Schüchternheit, Bescheidenheit vor, besonders in der Pubertät. Als Spätentwickler hatte ich es nicht so einfach mit den jungen Damen. Das lag wohl auch an einer gestörten Wahrnehmung der Wirkung meiner Person auf das Weibliche; ich konnte es nicht recht glauben, dass die mich mögen. Ich habe nicht feststellen können, dass Frauen auf mich fliegen; zum Teil waren meine Partnerinnen auch älter. Die Aussage, dass Männer ohne Väter erobert werden, kann ich nur mit Einschränkung bestätigen. *(Jürgen)*

Kontakte zu Mädchen in der Jugend waren selten, Koedukation in der Schule nicht angesagt. Insofern war der Besuch des Tanzkurses im Alter von 16 oder 17 Jahren wirklich ein aufregendes Erlebnis. Dort habe ich ziemlich bald mit einem gleichaltrigen Mädchen eine wirklich enge, lang währende Freundschaft geschlossen. Diese Beziehung war etwas Überwältigendes, zart und beunruhigend zugleich. Für das, was uns bewegte, fanden wir die Sprache in Liebesgedichten, z. B. bei Goethe, Mörike, Hesse und Ehrismann. Das Erleben von Zärtlichkeit, gegenseitigem Verstehen und Nähe hat uns tief verbunden, wobei es unausgesprochen selbstverständlich war, dass die Zärtlichkeit über das Umarmen, Streicheln und Küssen nicht hinausging, was junge Menschen heute überhaupt nicht fassen können. Aber es gab einen Schmerz: Meine Freundin war katholisch, und wir beide nahmen das Christsein sehr ernst. So stand fest, dass wir uns nach dem Abitur trennen mussten. Für mich war klar, dass ich Theologie studieren würde, und sie hatte die Absicht, ins Kloster zu gehen (!), wobei sie immer wieder versichert hat, das geschehe nicht meinetwegen. Jahrzehnte später wurde mir deutlich, dass ich solch ein Abschiedsmuster ja schon einmal gelebt hatte: bei meinem Vater.

Inzwischen sind meine Frau und ich 40 Jahre verheiratet. Die durch meine Vaterlosigkeit bedingte Sorge und Fürsorglichkeit für die Mutter ist sicher Hauptursache dafür, dass ich immer sehr darauf bedacht gewesen bin, auf Frauen Rücksicht zu nehmen, mich mit ihnen zu solidarisieren. Für feministische Positionen habe ich mich eingesetzt, als dieser Begriff bei uns noch nicht so sehr in Mode gekommen war. Erst als wir ein eigenes

Kind bekamen und unsere eigene Wohnung öfter nutzten, entstanden Spannungen mit meiner Mutter, die ihre Schwiegertochter wie eine Tochter aufgenommen hatte. Unsere Vorstellungen von Kindererziehung machten vermutlich meiner Mutter immer unübersehbarer deutlich: »Mein Sohn ist ein eigener Mensch, und nicht mehr mein kleines Kind, das meine Fürsorge braucht«. Jetzt rückten auch ihre Minderwertigkeitsgefühle wieder in den Vordergrund und erschwerten das Zusammenleben. Vielleicht spielte bei alledem auch eine Rolle, dass sie am Beispiel meiner Familie noch einmal aus der Nähe sah, was sie in ihrem Leben hatte entbehren müssen. *(Heinz-Günther Risse)*

Aus Sehnsucht nach Familienleben habe ich zu früh geheiratet – ohne das heute übliche Ausprobieren. Aus dieser Ehe sind zwar vier Kinder hervorgegangen, aber sie ist gescheitert. Meine Beziehung zu Frauen ist problematisch. Mit zehn Jahren war ich der einzige Mann im Haus, arbeitete sehr zielgerichtet und war meiner Mutter schon früh (in praktischen Dingen) überlegen. Das konnte sie nicht dulden, und es gab Probleme mit ihr, aber auch mit meiner ersten wie mit meiner zweiten Frau; ebenso im Berufs- und Vereinsleben. Ich suche eine Ursache bei mir: Es gelingt mir oft nicht, richtige Erkenntnisse in geeigneter Weise zu »verkaufen«. *(Johannes Thiele)*

Meine enge Mutterbindung, gerade durch die schwere Nachkriegszeit, hat mir große Verlustängste in meinen Partnerschaften beschert; Ängste, die ich bis heute nicht ganz ablegen kann. Gerade in meiner letzten Beziehung hatte ich bei kleinen Streitereien immer wieder die große Angst: »Nun ist alles aus!« *(Ernst)*

Ja, vermutlich werden solche Männer erobert. Jetzt fällt mir auf, dass ich bei allen Kontakten (z.B. Tanzkursus) immer die hübschesten Partnerinnen suchte und fand. *(Otto Schricker)*

Ob ich erobert werden musste? Meine Frau würde sagen: »Natürlich musste ich dich erobern! Du warst eine einzige Zurückhaltung!« Damit hätte sie zweifellos Recht. *(Wolfgang)*

Weibliche Wesen begannen infolge meiner jahrelangen männerbündischen Umgebung erst spät eine Rolle für mich zu spielen, eigentlich erst ab meinem 24. Lebensjahr. Unsicherheit und Vorsicht spielten auch hier eine zentrale Rolle. Jedenfalls gingen in allen meinen Beziehungen keine vehementen Vorstöße von mir aus. Eher habe ich auf Impulse gewartet, um sicher zu sein, dass ich nicht jemanden mit meinen Wünschen belästige, mich nicht blamiere oder jemanden gegen seinen Willen ausnutze. Ich war also viel eher zu erobern, als dass ich auf Eroberungen aus gewesen wäre. Mein Frauenbild war zudem bis über mein 40. Lebensjahr eher traditionell, zudem männlich-kleinbürgerlich, bestimmt. Die Vorstellung von einer dauerhaften geistigen Partnerschaft und einer über die traditionelle Rollenverteilung und die Körperlichkeit hinausgehenden intensiven inhaltlichen Beziehung war kaum entwickelt. *(Jürgen Reulecke)*

Sehr frühe Heirat, sofort drei Kinder. Die Ehe wurde nach fast 30 Jahren geschieden, weil ich in einer heftigen Krise nicht das krisentaugliche (vielleicht das männliche?) Handwerkszeug besaß, sie in den Griff zu kriegen. Ich denke rückblickend, dass ich aufgrund fehlender kompletter Kindheitsfamilie Erfahrungen entbehre, die mich befähigt hätten, den Bruch zu vermeiden. In fast allen Ehekrisen tauchten schreckliche Kindheitsbilder (mit Mutter) wieder auf, die ich längst vergessen hatte. Erst die Gespräche mit meinen Schwestern bestätigten mir, dass es sich nicht um Albträume handelte, sondern dass Verdrängtes sich zu Wort meldete. Immerhin, wenn auch spät, ein Schlüssel zum Selbstverständnis. *(Karl-Heinz)*

Die eigenen Kinder

Haben Sie selbst einen Sohn oder Söhne? Wie gestalten Sie Ihre Vaterrolle – damals und wenn Sie es rückblickend betrachten?

Unsere Söhne haben eine von ihrem Vater mitbestimmte Kindheit gehabt. Ob es eine gute Kindheit war, können sie nur selbst sagen. Ich wollte ihnen als Vater immer gegenwärtig und bedeutsam sein. Dafür hat meine eigene Vaterlosigkeit viel getan.

Widerstand und Stärkung wollte ich ihnen geben, wie ich sie von meinem Onkel erhalten hatte. *(Henning Schüler)*

Ich habe zwei Söhne. Seit ihrer Kindheit bemühe ich mich um das andauernde, »erwachsen« gewordene Gespräch. Diese Vaterrolle, denke ich, habe ich selbst entwickelt. *(Peter Härtling)*

Ich habe zwei Söhne. Von meiner inneren Einstellung her war ich für die Familie da, habe für die Familie gelebt, und wir haben unsere Freizeit gemeinsam gestaltet – bis die Kinder eigene Wege gingen und sich abkoppelten. Heute sagen meine Söhne: »Du warst zu streng, aber in manchen Dingen war das gut so! Du hast zu wenig von deinen eigenen Gefühlen und Gedanken gezeigt. Was bewegt heute den Vater?«, fragen sie. »Du warst zu knauserig, aber hast versucht, uns den Umgang mit Geld in Eigenverantwortung zu übertragen.« *(Reinhard)*

Ich habe zwei Söhne und wollte, dass deren Kindheit und Jugend besser als meine würden. Ich wollte keine übermächtige Autorität sein, sie aber an vieles heranführen: Sprachen, Technik, Naturkunde, Sportarten, Reisen nach Skandinavien und Kanada. Das aber rief Neid und Mobbing von Klassenkameraden hervor. *(Gernot Lieck)*

Angesichts meiner Ehe-Auffassung war es auch nicht zentraler Teil meiner Vorstellungen, Vater von Kindern zu sein, doch war mir klar, dass ich mich selbstverständlich darum bemühen würde, ein guter Vater zu sein. Aber was war ein Vater, wie sollte ich mich verhalten? Da unser Sohn eher zögerlich-vorsichtig war, zudem eher musische statt sportliche Neigungen zeigte, wurde mir anfangs oft unterstellt, ich (als ehemals Jugendbewegter) sei über seine nicht allzu jungenhafte Art enttäuscht, würde ihn als Sohn ablehnen und mich deshalb zu wenig um ihn kümmern, was ich für völlig falsch halte. Eher spielte eine gewisse Zurückhaltung meinerseits aus eigener Verhaltensunsicherheit eine Rolle. *(Jürgen Reulecke)*

In der Erziehung von zwei Söhnen vermisste ich erstmals die Orientierung an einer eigenen Vatererfahrung, z. B. in Konfliktsituationen, wenn es galt, das richtige Maß von Festigkeit und Flexibilität zu finden. *(Siegfried)*

Ich habe meine Kinder nicht erzogen, sondern sie einfach geliebt und mit ihnen gelebt. »Wie in einer harmonischen Wohngemeinschaft«, sagte mir eine meiner Töchter, »mit allen Vorzügen und Nachteilen«. Rückblickend sehe ich, dass ich einer wirklich für die Kinder nützlichen Vaterrolle nicht gewachsen war. In entscheidenden Momenten, wo sie einen Vater gebraucht hätten, der ihnen hilft, ihrem Leben früh tragfähige Konturen zu geben, war ich zu unsicher und bin ihnen viel schuldig geblieben – weil ich ihnen die Grenzen nicht deutlich gezeigt habe! *(Karl-Heinz)*

Stutzig wurde ich, als einem Freund aus Ulm auffiel, dass ich mit unserem Sohn nicht auf dem Fußboden rangelte. Ich habe ihn auch kaum auf den Fußballplatz begleitet oder irgendeinen Sport mit ihm gemeinsam gemacht. Rückblickend glaube ich, dass ich diese Seiten einfach nicht kannte und annahm, er würde sie sich zusammen mit anderen Jungs, etwa in einer Jugendgruppe holen. Ebenso selbstverständlich nahm ich für beide Kinder an, dass sie mit Hilfe unseres gesicherten Lebensrahmens gute Leistungen erbrachten und mit ihren Schwierigkeiten (wie ich mit viel größeren) allein zurecht kommen müssten. *(Hartmut Radebold)*

Ich habe vier leibliche und zwei Stiefsöhne, die meine zweite Frau mit in die Ehe gebracht hat. Ich habe versucht, meine Vaterrolle so auszufüllen, wie ich es von meinem Vater erwartet hätte. Sie wissen, dass sie sich auf mich verlassen können, sie kommen, um manchen Rat zu holen. Sie benennen die Dinge, die sie als Erziehungsfehler betrachten, wir können darüber sprechen. *(Johannes Thiele)*

Wir haben einen Sohn und eine Tochter adoptiert. Der Sohn war zweieinhalb Jahre alt, als er aus denkbar schlechten Verhältnissen zu uns kam, er wird in diesen Tagen 29. Ich liebe ihn, aber er tut mir auch sehr weh – und umgekehrt. Er hat mich (nach der Kinderzeit mit vielen Ausflügen und gemeinsamen

Spielen) fast nur am Schreibtisch erlebt. Er sagte einmal, so wolle er nicht werden, »immer nur arbeiten«. Das hat er durchgehalten. Die Schule beendete er vorzeitig, seine Lehre brach er wiederholt ab, schloss sie nie ab. Er lebt am Rande der Gesellschaft, von Job zu Job, Stütze zu Stütze. Das Gefühl, als Vater versagt zu haben, habe ich inzwischen etwas abmildern können. Ich sehe, dass das, was ich euphemistisch immer als »anarchischen Freiheitsdrang« bei ihm gesehen habe, von außen betrachtet auch als bodenlose Faulheit verstanden werden kann. Wenn wir uns sehen, freue ich mich auch heute noch über die Vertrautheit, obwohl unsere Lebensweisen sehr weit voneinander entfernt sind. Als viel erfolgreicherer »Vater« fungiere ich beruflich gegenüber den Studierenden. Besonders als Doktorvater bin ich recht erfolgreich. Vom kumpelhaften Partner aus den 68ern bin ich eindeutig zum Seniorpartner geworden. *(Arnold Herwig)*

Meine Selbstwahrnehmung (als Vater) und die Auffassung meiner Kinder unterscheiden sich vermutlich erheblich. Ich habe mich immer für einen liberalen und toleranten Vater gehalten, habe aber sicher autoritäre Züge. *(Wolfgang Hempel)*

Neben zwei Töchtern habe ich drei Söhne. Bei dem ältesten Sohn habe ich mich wohl zu schnell eingemischt, um ihn z. B. bei Basteleien vor Misserfolgen zu bewahren. Bei den beiden jüngeren konnte ich dann schon besser zusehen und erkennen, dass sie auch aus Fehlschlägen lernen können. Natürlich gestaltete ich meine Vaterrolle selten bewusst, sondern mehr intuitiv. *(Johann Meseth)*

Ich habe heute zwei erwachsene Söhne (40 und 43). Als ich nach dem Scheitern meiner ersten Ehe anfing, über mich nachzudenken und etwas für mich zu tun, schaute ich verständlicherweise zunächst auf meine eigene Vergangenheit zurück und auf das, was da mit mir passiert war. Dann war ich in einer Männerrunde, und jeder schimpfte auf seine Mutter und das, was sie ihm angetan hat – als mir der Gedanke siedend heiß durch den Kopf fuhr: Was hast du denn bisher schon an deine Kinder weitergegeben? Aber da waren sie schon fertige Menschen. Ich konnte nur noch mit ihnen darüber reden, ihnen sagen, wie ich unsere gemeinsame Vergangenheit sehe. *(Ernst)*

Mein Wunsch, eigentlich müsse ich der ideale Vater für unsere Kinder sein, hat mir zeitweilig die Aufgabe des Erziehens erschwert. *(Heinz-Günther Risse)*

Ich habe einen Adoptivsohn aus der ersten Ehe meiner Frau, jedoch besteht seit der Trennung vor über 20 Jahren keinerlei Beziehung zu ihm. Er hält eben zu seiner leiblichen Mutter. Er hat wohl unter der Vaterlosigkeit gelitten, und ich habe versucht, dies auszugleichen. Zunächst ging es gut, aber dann stellten sich viele Erziehungsprobleme ein. Den Kontakt habe ich nicht vermisst, eher war ich erleichtert. Vielleicht einfach, weil er mehr Willensstärke besaß als ich. Anders sieht es mit der gestörten Beziehung zu meiner leiblichen Tochter aus. Zunächst war sie stark auf mich fixiert, das änderte sich, als sie ca. 18 Jahre alt war. Sie tendierte mehr zur Mutter, die ihr ja auch die fehlende »Großfamilie« bieten konnte. Dann ergab sich wieder eine lockere Beziehung, sie schwankte offensichtlich auch zwischen ihren Lebensgefährten »wie ein Rohr im Wind«. Seit dem Tod meiner dritten »Pflegemutter«, zu der sie Oma sagte, ist der Kontakt aufgrund mir unerklärlicher Missverständnisse wieder abgebrochen. Sie weigert sich, mit mir zu reden. *(Rainer John)*

Fehlender Vater (und kranke Mutter) haben wohl dazu geführt, dass ich meine Rolle als Vater zunächst einmal als Verpflichtung gesehen habe, Lebensverhältnisse zu schaffen, in denen ein Kind ohne Not und in Frieden aufwachsen kann. Inzwischen habe ich meinem Sohn die Rolle übergeben. *(Zoran)*

Als ich zum ersten Mal Vater wurde, wünschte ich mir spontan einen Jungen. Meine Schwester würde sagen: typisch meine Mutter, nur Männer gelten etwas, Frauen werden gehasst ... Mir setzte ein Freund ein Licht auf, indem er mir meinen Sohneswunsch als Verdrängung oder Rationalisierung des Wunsches nach einem Mädchen an den Kopf warf. Ganz Unrecht hatte er mit Sicherheit nicht. Ich habe jetzt zwei Töchter. *(Victor)*

Meinen (adoptierten) Sohn habe ich gefüttert, gewickelt und ausgefahren, mit ihm getobt, gespielt, Radtouren gemacht und Kindergeburtstage gefeiert, für ihn gebrauchte Fahrräder repariert. Heute bin ich stolz auf ihn; er ist ein liebe- und verantwortungsvoller Vater geworden. Wir respektieren und anerkennen einander. *(Jürgen)*

Ich habe zwei Söhne, zu denen ich nach wie vor ein enges Verhältnis habe. Die Beschäftigung mit ihnen habe ich mit Freude genossen und bedaure alle Väter, die sich das entgehen lassen. Den »strengen Vater« habe ich weder bei den Söhnen noch bei Schülern dargestellt. Das hat vielleicht mit der vaterlosen Situation zu tun. *(Valentin)*

Frauen und Kinder der Männer ohne Väter

Welche Besonderheiten im Verhalten oder im Wesen Ihres Mannes bzw. Ihres Vaters führen Sie auf seine Vaterlosigkeit zurück?

Folgende Besonderheiten meines Vaters scheinen mir auf das Vaterlos-Aufgewachsen-Sein zurückzugehen: Er war und ist oft innerlich abwesend wie in einer eigenen Welt, die andere nicht erreichen können. Er nimmt das reale Leben scheinbar nur partiell wahr und vergisst oft Dinge, die genau besprochen wurden, als wenn er selbst nicht dabei gewesen wäre. Er hat ganz eigene Vater-Sein-Ideen entwickelt, z. T. völlig unabhängig von herkömmlichen Vatertraditionen; er fand mit seinen drei Kindern kreative Ebenen – jenseits von Vater-Kind-Rollen, die im Spiel und im Ernst das Leben spannender und lustiger machten. Er füllte kein herkömmliches Vaterbild; so konnten wir uns ungebremst selbstbewusst und eigenständig entwickeln. Wir hatten allerdings auch keinen Vater, demgegenüber sich eine Opposition »gelohnt« hätte.

Mein Vater hatte wenig Sicherheit im Regelnaufstellen und Grenzen setzen, so dass wir sozusagen gemeinsam suchen mussten und gemeinsam erwachsen wurden. Wir Kinder waren in der Außenwelt also immer auf der Hut, die Regeln anderer Familien schnell zu verstehen; und wir suchten über lange Zeit unsere Orientierung für das Leben zu Hause. Die Orientierung für das Leben in der Gesellschaft stückelten wir zusammen aus Erfahrungen in Familien der »echten Welt«. Heute scheint mir, dass mein Vater schon in meiner Kindheit vermittelte, dass er beschützt werden sollte, da er nicht so stark und uneingeschränkt mächtig auf mich wirkte wie andere Väter. Er strahlt bis heute für mich eine nicht greifbare Art von Traurigkeit aus. *(K. S.)*

Meinen jetzigen Lebensgefährten lernte ich vor neun Jahren kennen. Mir gefiel und gefällt an ihm u.a. sein ausgeprägt liebevolles Wesen, seine Hilfsbereitschaft und seine Sanftheit.

Ich selbst bin ausgesprochen liebevoll, hilfsbereit, aber kein bisschen sanft, eher das, was man eine Powerfrau nennt: »Wo steht das Klavier? Was, schon weg? Wo ist das nächste?« In zwei der oben erwähnten Eigenschaften harmonieren wir wunderbar miteinander – und mit der dritten gibt es ab und zu Probleme. Wenn's mal rappelt, dann wird seine Sanftheit zur Konfliktscheu und meine Power zur Aggression. Wir haben das aber dank Zwiegespräch u. ä. recht gut im Griff. Das Gewinnen ist bei älteren Herrschaften nicht mehr so wichtig. Mit aller Vorsicht könnte ich seine Vaterlosigkeit bzw. sehr starke Mutterbindung damit in Zusammenhang bringen, dass er mit dem konfliktarmen Verhalten die allein stehende Mutter schonen und schützen wollte: Ein guter Sohn darf seine Mutter nicht betrüben. Von pubertären Kleinkriegen ist mir nichts bekannt. *(M. D.)*

Im Vergleich zu anderen Vätern verhielt sich mein Vater mir gegenüber immer sehr respektvoll, nie mischte er sich in meine Belange. So wie man sich als Erwachsener einem anderen Erwachsenen – mit dem man nicht verwandt ist – gegenüber verhält. Es war fast so, als empfände er sich gar nicht als mein Vater, oder als wisse er nicht, dass andere Väter sich durchaus stark in sehr private Belange ihrer Kinder einmischen – und bis zu einem gewissen Alter der Kinder ja auch quasi gesetzlich verpflichtet sind, das zu tun. Wir Kinder hatten das Gefühl, dass mein Vater in seiner eigenen Welt lebte – und bis heute lebt. In der Welt haben wir auch einen Platz, aber keinen hervorgehobenen. Der Blick meines Vaters ist stark auf die Vergangenheit gerichtet, auf seine Ursprungsfamilie. Viel stärker als auf die Familie, die er gegründet hat. Und diese Familie zerbrach dann auch, als er meine Mutter verließ. *(S. S. R.)*

Ich war mit dem »Mann ohne Vater« von 1967 bis 1983 verheiratet, wir haben eine gemeinsame Tochter, wir haben durchgängig bis jetzt engen Kontakt miteinander, d.h. feiern Weihnachten und Geburtstage zusammen mit seiner Familie. Das ist dann auch der erste Punkt: sich nicht trennen können, Angst vor Verlust. Der Vater meines früheren Mannes ist im Krieg gefallen. Mein Mann war drei Jahre alt, als die Familie die Nachricht erfuhr. Die Mutter lebte mit den vier Kindern (die anderen Kinder sind alle Mädchen) allein. Mein Mann wollte keine Kinder haben – er wollte nicht Kinder in eine Welt setzen, in der sie ihre Väter verlieren können (er hat dann drei Kinder bekommen).

Ich denke, dass das »Schwermütige« meines früheren Mannes von dem Verlust herrührt, es schwebte immer eine Wehmut auch über dem Glück. Mein Mann hatte eine auffallend enge, innige Beziehung zu seiner Mutter; kurz bevor sie starb, hat sie ihn öfter für ihren Mann gehalten. Diese enge Beziehung – wahrscheinlich mit bedingt durch den nicht anwesenden Vater – prägte und bestimmte natürlich auch unsere Ehe mit. Also Auffälligkeiten: Trennungsangst, Depression, Tendenz zu symbiotischen Beziehungen, nicht gut allein sein können. *(Ch. E.)*

Ich erinnere mich an eine gewisse Traurigkeit, die in unserer Familie mitschwang, von der ich nicht sicher bin, wie viel Anteil davon auf die schlechte Ehe meiner Eltern fiel und wie viel Anteil auf eine Grundtraurigkeit meiner Mutter, die ihrer Heimat beraubt worden war, und die meines Vaters, der seines Vaters beraubt worden war. Wenn ich nicht schlafen konnte als Kind und nachts in das Zimmer meines Vaters ging. um mich in sein Bett zu kuscheln, dann war er da im Schaukelstuhl, die Pfeife rauchend. Ich fand in diesem Raum Ruhe, Geborgenheit, verlässliche Stärke, an der ich mich orientieren konnte, aber auch Melancholie, die mich prägt. Die Erfahrung von Trauer in jungen Jahren bleibt haften. Das Wissen um jederzeit möglichen Verlust bleibt immer präsent und kann sich auch über die Generationen weiter tragen. Ein Kind, das Verlust gespürt hat, weiß auch noch als Erwachsener, dass es diesen Schmerz gibt und dass das Leben unsicher ist – dass das Leben jederzeit mit erneutem Schmerz dieser Art und Heftigkeit auf einen zukommen kann. Die Seele vergisst nicht. Diese Trauer meines Vaters habe ich als Kind gespürt. Trotz all dem und gerade wegen seiner Erfahrungen ist mein Vater ein unumstößlich scheinender Fels geworden.

Ich glaube nicht, dass er es sich leisten konnte, die Verlustgefühle um seinen Vater als Kind zu spüren, so wie ich es mir nicht leisten konnte, den Verlust des in der Familie anwesenden Vaters zu fühlen, als sich meine Eltern trennten, und ich gezwungen war, zwischen ihnen zu entscheiden. Ich kann mir vorstellen, dass mein Vater als Kind eher die Trauer seiner Mutter spürte als seine eigene. Ich denke, dass er, in die neue Rolle des Mannes im Haushalt gedrängt, nicht anders als felsenhaft werden konnte. Ich glaube, dass mein Vater seine Gefühle sehr tief eingegraben hat und dass sie als dumpfe Melancholie in ihm mitschwingen. Er ist mit acht Jahren zum Boss einer Familie geworden. Diese Boss-Rolle hat er sein Leben lang eingehalten. Ich glaube aber auch, er hat gelernt, dass Führungsstärke abzugeben nicht mit dem Untergang seiner Familie gleichzusetzen ist. *(A. Sch.)*

Mein eigener Vater kam nach mehreren Jahren Abwesenheit aus dem Krieg zurück. Viele meiner Freundinnen warteten Jahre vergeblich. Gemeinsam durchsuchten wir als Kinder die vom Roten Kreuz gedruckten Listen, immer in Angst, den gesuchten Namen mit einem Kreuz dahinter zu entdecken, den Verlust – schwarz auf weiß – endgültig besiegelt zu sehen! Ohne Vater aufzuwachsen, war damals ziemlich normal – aber, was das in Wirklichkeit bedeutet, erlebte ich erst, als ich in die Familie meines Mannes kam. Als Schlüsselerlebnis dazu ist mir unvergesslich, wie ich als damals 20-Jährige in die kleine Zweizimmerwohnung in Berlin kam. Die erste, etwas beklommen erwartete Begegnung mit meiner Schwiegermutter in ihrem einfachen, aber schönen und klaren Raum. Ich fühlte mich willkommen, warmherzig empfangen, es gefiel mir alles – doch etwas befremdete mich, kam mir seltsam vor: In einer Ecke des Raumes hing das Bild eines Mannes, ganz eindeutig der Vater, der im Krieg gefallene Mann meiner Schwiegermutter, daneben eine langstielige rote Rose, eine brennende Kerze. Wie ein Altar, dachte ich verwundert und zugleich erschrocken! Dieser Mann, so beschrieb ihn mir mein Mann, hatte überragende Fähigkeiten, sprach viele Sprachen, war Arzt und dazu ein liebevoller Familienvater. Ergriffen hörte ich immer wieder seine Geschichte und verstand, welch nicht zu ermessender Verlust sein Tod für die Familie, insbesondere für meinen Mann bedeutete. Ich konnte es verstehen, hatte ich doch durch die Tatsache, dass mein Vater zurückgekehrt war, ein Leben in materieller Sicherheit und mit vielen selbstverständlichen Möglichkeiten der Bildung erhalten. Dass dieser, mein Vater, ein überaus autoritärer, strenger, strafender und keine Widerworte duldender Vater war (für den außerdem die intellektuelle Bildung weiblicher Wesen zweitrangig war), zählte in den Augen meines Mannes nicht. Egal wie er war, so sagte mein Mann immer, er war da, du konntest dich mit ihm auseinandersetzen!

Aber – sein fehlender Vater war auch immer da. Er war zu einer Instanz geworden: unerreichbares Vorbild. Sein Fehlen wurde – auch ohne dass darüber gesprochen werden musste – ein Grundthema unseres Lebens. Mein Vater war zwar real vorhanden, doch weil er sich wenig für meinen Mann interessierte, seinen Beruf nicht so richtig anerkannte, war er eigentlich nicht da. Er konnte offenbar kein Vater für ihn sein. Doch darüber fand nie ein Austausch statt. Und mich erfüllte das mit Schuldgefühlen, Ohnmacht, Trauer, Wut. Denn auch ich konnte mich mit diesem Vater nicht auseinandersetzen! Immer wieder sprachen wir darüber, wenn ein Familientreffen geplant war oder wir Besuch von meinen Eltern hatten. Im Alltag mit mir, unseren Kindern gab es einige Verhaltensweisen, die mich ein wenig irritierten, die Kinder neckten ihn später damit. Denn häufig meinte er, er kriege nicht genug, komme zu kurz, vor allem beim Nachtisch, den guten Dingen des Lebens. Das nahm auch ich leicht, aber ich bin mir nicht ganz sicher, ob das damit zusammenhängt. Doch es gab Situationen, wo ich ganz sicher bin, dass sein Verhalten aus der eigenen Vaterlosigkeit rührt und bei denen ich sehr erschrocken war: Unser Sohn war noch ein Kleinkind. Oft ging er zu den Nachbarskindern spielen. Und da gab es einen jungen Vater, der mit seinen Söhnen auf dem Fußboden lag, mit ihnen rangelte, spielerisch kämpfte und unser kleiner Sohn war begeistert mit dabei. Als ich eines Tages kam, um ihn abzuholen, sagte der junge Vater: »Sag mal, mir ist aufgefallen, dass dein Mann das gar nicht mit den Jungs macht, warum?« Am Abend fragte ich meinen Mann, und er wurde ganz traurig und ernst, sagte schließlich: »Ich weiß doch gar nicht, wie das ist, Vater zu sein, was man da macht!«

Ich denke auch, dass ihm deshalb eine gewisse Sorglosigkeit, Leichtigkeit, Fröhlichkeit fehlt. Er wirkt auf andere, die ihn nicht kennen, eher ernst und streng. Und immer ist er auf größtmögliche Sicherheit bedacht. Ein Satz von ihm: »Niemals wieder will ich einer Situation so hilflos ausgeliefert sein wie damals!« Im Alltag bedeutet das: lange vorher alles planen, organisieren, wenig Spontaneität. Es fällt ihm schwer, etwas auf die »leichte Schulter« zu nehmen. Er braucht Wärme. Ziemlich gleich, als ich ihn kennen lernte, sah ich ihn auf einer Liege mitten im Sommer im Garten schlafen – die Decke bis über Nase und Ohren (es ist noch heute so, egal wie kalt oder warm es ist). Und im Winter, im Januar, da friert er besonders, man kann gar nicht warm genug einheizen, es ist ihm immer kalt. »Da war ich auf der Flucht, auf dem Eis bei 30 Grad unter Null!« Außerdem ist für ihn ganz wichtig: Bestätigung; auch zu Haus, von uns, denn immer wieder klagte er über die ihm fehlende Anerkennung seiner jeweiligen Chefs (die endlose Suche nach brauchbaren Ersatzvätern), die sein Arbeitsgebiet nicht richtig ernst nahmen, es als eigenartige, eigentlich unnötige Forschung einstuften. Er dachte oft, er könne nichts, fühlte sich auch von seinen Kollegen allein gelassen. Aber er hatte eine ungeheure, bewunderungswürdige Zähigkeit und Ausdauer. Konsequent und gegen alle Widerstände kämpfte er und gab niemals auf! Doch in Momenten der fehlenden Anerkennung zählten alle sichtbaren Erfolge nicht.

Eigene Bedürfnisse, Wünsche hat er als Kind offenbar nie haben können und dürfen. Nur so kann ich mir erklären, wie es vielleicht kommt, dass er in bestimmten Situationen mir gegenüber einen vorwurfsvollen Unterton hat, wenn ich ihn (das heißt seine Wünsche) nicht gleich verstehe, noch einmal nachfragen muss. Und ihm ist das dann gar nicht bewusst. Das sind die für mich im Lebensablauf bemerkenswertesten Eigenschaften, die ich auf die Vaterlosigkeit zurückführe. Mit einigen Verhaltensweisen habe ich gelernt umzugehen und das gemeinsame Gespräch hilft uns. Was mich (vermutlich uns beide) am meisten niederdrückt, ist die immer wiederkehrende Trauer über seine schlechten Startchancen durch den fehlenden Vater. Gut nachfühlbar für mich. Manches ist eben nicht oder nur ganz schwer nachzuholen, wenn überhaupt. Wie zum Beispiel, dass es damals für ihn, als es nur ums Überleben ging, keine Gelegenheit gab, ein Instrument spielen zu lernen, das ihn befähigt hätte, zu musizieren. Musik als eine kreative, zusätzliche Möglichkeit des eigenen Ausdrucks, der Verständigung über die Sprache hinaus.

Manchmal fürchte ich mich vor seiner grenzenlosen Trauer über diese verlorene Kindheit, die ihn mitunter »kalt erwischt« – und mich damit ebenfalls! Um sie auszulösen, reicht eine einzige banale Frage: Wie hast du Kindergeburtstag gefeiert? Oder: Wie lautet dein Name rückwärts gesprochen? Spiele, Albernheiten, die mir einfallen, die ich als Kind leben und erleben konnte, das sind Erfahrungen, die ihm fehlen. Und alles, weil es keinen Vater gab und er schon früh erwachsen sein musste! Dann packt mich eine grenzenlose Wut: Denn dieser Vater hätte damals vermutlich gar nicht mehr in den Krieg gehen müssen, er war schon im Ersten Weltkrieg gewesen und ist daraus verwundet zurückgekehrt. Krieg und dieses (damalige?) schreckliche männliche Bewusstsein: Ein deutscher Mann tut seine Pflicht – was für ein Irrsinn! Trotz alledem hatte diese furchtbare Zeit offenbar auch positive Auswirkungen, sie förderte Eigenschaften, die ich bei vielen anderen Männern vermisse: etwa ein hohes Maß an Fürsorglichkeit, fast Mütterlichkeit, Verantwortungsgefühl, ein achtungsvolles Umgehen mit Frauen, das jeder Machohaftigkeit entbehrt – darüber freue ich mich und genieße es sehr! *(H. R.)*

Es ist, glaube ich, ziemlich schwierig, bei der Generation meines Vaters zu beurteilen, welche Eigenschaften durch die Gene, durch den Einfluss des Krieges oder durch den Verlust des Vaters bedingt sind. Zu den Eigenschaften, die ich auf den frühen Verlust seines Vaters zurückführe, zählen folgende: Mein Vater ist sehr ernst und verantwortungsbewusst. Er ließ uns schon seit frühester Kindheit alle Freiheiten und beschränkte uns nicht (uns wurde nie eine Uhrzeit vorgeschrieben, wann wir zu Hause sein mussten; wir erhielten keine Verbote bezüglich Mofa oder Motorrad fahren). Mein Vater forderte uns sehr früh, was Mitarbeit innerhalb und auch außerhalb der Familie anbelangt. Hierzu zählt auch der Umgang mit gefährlichen Maschinen seit dem frühen Teenageralter. Er unterschätzte nie unsere Fähigkeiten, sondern ließ uns unsere Erfahrungen machen. *(Ch. Th.)*

Auffälligkeiten, die ich der Vaterlosigkeit meines Mannes zuordne: zurückhaltend gegenüber mir als Freundin und später als Ehefrau (keine Offenheit), extreme Zurückhaltung bei Konflikten, eher großer Bruder als (auch sexuell) Partner, allerdings nicht im Sinne eines »Softis«. Wir wurden in früheren Jahren häufig als »Brüderchen und Schwesterchen« wahrgenommen. Möglicherweise passten wir da auch zusammen. Änderungen haben wir jeweils einzeln und gemeinsam erst in Therapien erreicht. In Freundschaftsbeziehungen habe ich ähnliche Haltungen wahrgenommen: Die Auseinandersetzungs- und Streitbereitschaft war ebenfalls sehr gering, allerdings haben viele eine unterschwellige Wut wahrgenommen und dann ggf. gekniffen.

Großes Bedürfnis nach Zusammengehörigkeit und eigener Familie; starker Kinderwunsch und besonders intensive Übernahme der Verpflichtungen als Vater; enge Beziehung zu den Söhnen, zu Kindern allgemein; große Geduld. Als Lehrer und privat Vorbild/Leitfigur für Jugendliche und hier Bereitschaft, sich mit ihren Vorstellungen auseinander zu setzen, aber eher gegenüber Jungen als gegenüber Mädchen. Zurückhaltung beim Kontakt mit Frauen allgemein. *(J. K.)*

Die Eigenschaften, die ich aufzähle, sind überwiegend jene, welche mir aus meiner Jugendzeit in Erinnerung geblieben sind und sich auf seine Vaterrolle beziehen bzw. unser Vater-Tochter-Verhältnis zu der Zeit geprägt haben. Sehr verantwortungsbewusst, sehr leistungsorientiert (zum Beispiel Wichtigkeit von Schulnoten), schnell besorgt (wegen der Zukunft der Kinder), an Prinzipien und »allgemein gültigen« Regeln orientiert (»was sollen die Nachbarn denken«, »das macht man nicht so ...«), streng und konsequent (Pünktlichkeit; wiederholtes Fehlverhalten wurde bestraft), empfindlich (bezüglich Kritik), verletzlich (bei Rührung oder großer Sorge kommen ihm Tränen in die Augen). Aus meiner Sicht sind das Anzeichen einer tiefen inneren Verunsicherung; Sorge und Angst, dass auch alles gut und richtig laufen sollte. Vielleicht auch Folge der Tatsache, dass mein Vater selbst zu früh Verantwortung übernehmen musste (für sich, die Geschwister, die Mutter, den Haushalt) und ihm ein positives männliches Vorbild fehlte, an dem er sich orientieren bzw. mit dem er sich hätte identifizieren können. *(B. L.)*

Mein Vater ist bei Familientreffen auffallend distanziert und hat ein gespanntes Verhältnis zu den anderen. Er erfüllt den Enkeln alle Wünsche, so als wollte er etwas »wiedergutmachen«. Zugleich klammert er sich an seine Söhne, vermutlich aus Verlustangst; er hat Probleme beim Loslassen und Anerkennen der Eigenständigkeit der Kinder. Auf einer sachlichen Ebene kommt er gut mit ihnen klar, nicht aber auf der emotionalen. Er ist ein Mann mit einer großen inneren Traurigkeit und ständigem Zweifel, ob er so akzeptiert wird, wie er wirklich ist. *(E. L.)*

Für mich war er immer ein prima Vater, der viel für uns Kinder gemacht hat. Er ist ein Mensch, der Problemen gern aus dem Weg geht und nicht viel über seine Emotionen spricht. Ob das mit seiner Vaterlosigkeit zu tun haben kann? Eines weiß ich mit Sicherheit, dass er nämlich immer sehr mit seiner Mutter verbunden war. *(B. S.)*

Es fällt nicht leicht, über seinen Vater nachzudenken. In Erinnerung ist mir geblieben, dass er, obwohl er viel gearbeitet hat, meine Schwester und mich nie als Störung seiner ohnehin knappen Freizeit empfunden hat. Wenn er da war, dann auch voll und ganz. Er zeigte sein Interesse an dem, was wir taten und dachten. Ob das an seiner generellen Liebe zu Kindern lag oder an dem Wunsch, ein Vater zu sein, den er nie hatte, kann ich nicht beurteilen. Diese Aufmerksamkeit und Fürsorge zeigt sich jetzt auch in Bezug auf seine Enkel- und Patenkinder. Allerdings glaube ich, dass er seiner Frau wenig davon entgegenbrachte, sondern eher seiner Mutter, zu der er bis zu ihrem Tod ein sehr enges, fast »klettenhaftes« Verhältnis hatte. Diese Mutter-Sohn-Bindung sehe ich als Folge des Todes seines Vaters und älteren

Bruders. Mein Vater konnte seine Mutter nicht einmal im Tod gehen lassen, und sie starb erst, als er nicht da war. Ich denke, in dieser Beziehung liegen die Ursachen einiger Schwierigkeiten, die meine Eltern in ihrer Ehe hatten. *(A. S.)*

Da mein Mann nicht nur als Vierjähriger seinen Vater verlor, sondern seit dem 12. Lebensjahr Vollwaise ist und von Tanten und Onkeln mehr schlecht als recht durch die schwierigen Entwicklungsjahre gebracht wurde, ist es eigentlich unmöglich, bestimmte Charaktereigenschaften oder »Auffälligkeiten« der Vaterlosigkeit zuzuordnen. Sehr prägend hat sich sicher ausgewirkt, dass mein Mann von Frauen erzogen wurde. So kann er alles, was man zumindest früher der Frau zuordnete und macht es selbstverständlich und exzellent, wenn die Umstände es verlangen. Mein Mann hat nie einen »Ersatz« für seinen Vater gefunden, einen väterlichen Freund, an dem man sich reiben kann, den man uneingeschränkt als Autorität empfindet und – vielleicht das Wichtigste – der immer für einen da ist, die Verantwortung hat. Dadurch ist er wohl in der Lage, sehr schnell herauszuspüren, wes Geistes Kind die Männer sind, die seinen Lebensweg kreuzen. Was mein Mann immer schmerzlich vermisst hat, wovon er auch heute als 69-Jähriger immer wieder spricht, das ist das Elternhaus mit dem kulturellen Gepräge, wie es gewesen wäre, wenn ... Andererseits hat er sich über die Vaterlosigkeit hinweggetröstet mit dem Gedanken, auf diese Weise allen denkbaren Auseinandersetzungen mit einem sehr bestimmenden, im Wesen sehr anderen Vater entgangen zu sein. So ist er gut damit zurechtgekommen, »Wildwuchs« und »Autodidakt« zu sein. *(M. S. B.)*

Da ich von einer Nachkriegsgeneration erzogen worden bin, fehlt so ziemlich bei jedem meiner Bekannten und im Alter meines Vaters befindlichen Männer der Vater. Welche Marotten jetzt darauf zurückzuführen sind, weiß ich nicht. Ich liebe meinen Vater so, wie er ist. Warum er so ist, führe ich eher auf ihn selbst zurück, als auf seinen nicht vorhandenen Vater. *(O. F. O.)*

Der Vater meines Vaters ist im Zweiten Weltkrieg gestorben, als dieser noch ein kleiner Junge war. Mein Vater hat (die Nachkriegszeit) überlebt, war aber während meiner Kindheit und Pubertät innerlich abwesend. Als ich neun Jahre alt war, sind wir von der Stadt aufs Land gezogen. Nach relativ kurzer Zeit war ich ein Außenseiter und wurde von allen gehänselt. Ich hatte Angst vor jedem neuem Schultag, bin auf Schritt und Tritt verarscht und fertig gemacht worden, habe mich jede Pause auf dem Klo eingeschlossen und jede Nacht vorm Einschlafen geweint. Meine Eltern haben von all dem nichts gemerkt. Ich habe ihnen auch nichts gesagt, ich habe alles geschluckt und in mich hineingefressen. Im Lauf der Jahre habe ich mich immer stärker verändert: Ich habe zugenommen (was ja in der Pubertät normal ist), war autoaggressiv und irgendwie total verlangsamt. Ich war wie unter einer Glasglocke, abgeschnitten von mir und meiner Kraft, gar nicht ich selbst. Meine Eltern haben immer noch nichts gemerkt.

In dieser Zeit ist in mir der brennende Wunsch entstanden, Schauspielerin zu werden. Ich habe auf allen Schauspielschulen vorgesprochen. Ich habe immer wieder ein ähnliches Feedback bekommen: Ich war gar nicht anwesend, war wie im Nebel. Ich war zutiefst beunruhigt und komplett verzweifelt. Ich hatte das Gefühl: Wenn ich es nicht schaffe, Schauspielerin zu werden, will ich nicht mehr leben, dann hat mein Leben kein Sinn. Schließlich habe ich es geschafft. Es war ein Wunder, denn ich hatte oft keinen Kontakt zu mir, war wie abgetrennt. Eine meiner Schauspiellehrerinnen hat mir geraten, eine Therapie zu machen. Eines der Hauptthemen in meiner Therapie war mein Vater und die mir unerklärliche Frage, warum er nicht gemerkt hat, wie unglücklich ich nach unserem Umzug war. »Sie wollen nicht wahrhaben, dass der Kontakt zu Ihren Eltern nicht stimmt«, hat meine Therapeutin mir wieder und immer wieder gesagt. Hätten meine Eltern damals gemerkt, was mit mir los war, hätte ich mich mitteilen können. An meiner Situation in der Schule hätte sich zwar nichts geändert, aber ich hätte meine Verzweiflung ausdrücken können und später nicht diese irrsinnigen Schwierigkeiten als Schauspielerin gehabt, die mich letztlich den Beruf gekostet haben.

Ich habe unzählige Male mit meinem Vater gesprochen, jahrelang, ihn immer wieder gefragt: Warum hast du nicht gemerkt, wie unglücklich ich damals war? Warum? Jahrelang habe ich immer wieder die gleiche Antwort bekommen: die neue Arbeit an der Uni, der immense Stress damals. Ich hatte immer das Gefühl, das kann einfach nicht sein. Von seiner Kriegskindheit hat er mir nie etwas erzählt, eigentlich wusste ich so gut wie nichts davon. Meine Mutter hat mich (in meiner Unversöhnlichkeit) immer wieder beiseite genommen und mir von der traumatischen Kindheit meines Vaters erzählt. Vor circa sieben Jahren, als meine Therapie gerade auslief, rief mich mein Vater an. Er hätte heute an mich gedacht. (Er hatte selbst noch mal ein paar Therapiestunden genommen und war durch die Stunde mit seiner eigenen Kindheit in Berührung.) Anscheinend hatte er (unbewusst) meine Kindheit mit seiner verglichen, und gefunden, im Vergleich mit seiner Kindheit seien meine Probleme sehr gering gewesen. Er hätte gedacht, das schaffen die (mein Bruder und ich) schon, da müssen sie durch. Ich habe ganz schön geschluckt, hatte aber zum ersten Mal nach den ganzen Jahren das Gefühl, eine Antwort zu bekommen.

Vor zwei Monaten hat mir mein Vater einen Brief geschrieben und mich um diesen Beitrag gebeten. Das kann ich nicht, habe ich gedacht. Wenn ich schreibe, wie es mir wirklich geht, füge ich ihm Schmerzen zu. Schließlich habe ich ihn angerufen (wahrscheinlich um mir seine Erlaubnis zu holen), und habe ihm noch einmal gesagt, wie es mir damals ging, und was ich von ihm gebraucht hätte; einfach, dass er da gewesen wäre. Wahrgenommen hätte, wie es mir ging, mich getröstet und in den Arm genommen hätte. Er hat versucht mir zu erklären, was damals in ihm vorgegangen ist. Und wieder war ich von der Antwort irritiert und verletzt. Seine Kindheit (und die meiner Mutter) war so von Mangel und Verlust geprägt, dass sie uns Kindern ein Zuhause geben wollte, wo materiell alles vorhanden war: ein eigenes Zimmer, Bücher, Reisen etc. Und dabei hätten sie wohl übersehen, dass das nicht alles sei. Und er hätte gedacht, dass wir mit unseren kleinen Kümmernissen selbst zurechtkommen. *Kleine* Kümmernisse?, habe ich ihn gefragt. Wie meinst du das? – Du hörst die Anführungsstriche nicht mit!, war seine Antwort.

Ich war ... ich kann gar nicht sagen, wie mir zumute war. Ich war geschockt. Und gleichzeitig hatte ich das Gefühl, dass in genau dieser Bagatellisierung die Wahrheit liegt: Mein Vater vergleicht sein Leid als Kind mit dem meinen und ist zu dem Schluss gekommen, dass sein Leid unendlich viel größer war als meins und fand (unbewusst), ich muss damit allein zurechtkommen, weil er damals auch allein zurechtkommen musste. Objektiv gesehen hat er sogar Recht. Seine Kindheit war unendlich viel schlimmer und grausamer als meine Jugend. Aber man kann inneres Leid nicht vergleichen. Und genau das hat mein Vater getan. Er kann mein Leid immer noch nicht fühlen – wahrscheinlich auch, weil es ihn mit seinem eigenen Leid in Kontakt bringen würde. Manchmal denke ich (sehr überspitzt formuliert), mein Vater ist nicht in der Lage, sich in Bezug auf mich als »Täter« zu sehen, da er sich selbst nur als Opfer sieht (was ja auch stimmt). Aber wenn ich so denke, sehe ich mich ja auch nur als Opfer – das Opfer eines Opfers. Und der Kreislauf wird nicht durchbrochen. Ich glaube, die Lösung liegt woanders. Ich muss mich in meinen Vater als Kind, in einen kleinen Jungen hineinfühlen, und in seinen Schmerz. Dann kann ich ihn verstehen und seine Unfähigkeit, meinen Schmerz zu fühlen. Dann werde ich auch nicht mehr erwarten, dass mein Vater endlich meinen Schmerz fühlen kann. *(S. R.)*

Abwesende Väter –
Fakten und Forschungsergebnisse
Hartmut Radebold

Schon der Erste Weltkrieg führte zu ca. zwei Millionen gefallenen oder vermissten Soldaten; entsprechend wuchs bereits ein größerer Teil der damaligen Kinder als (Kriegs-)Halbwaisen auf. Die Verluste im Zweiten Weltkrieg, alle weit verstreuten auffindbaren Angaben zusammengefasst,[12] waren weitaus größer:
- Im Zweiten Weltkrieg kam jeder 8. männliche Deutsche (vom Kind bis zum Greis) ums Leben; es gab vermutlich 4,71 Millionen Todesfälle. In den Ostgebieten kam jede 5. männliche Person ums Leben. Von den eingezogenen Männern fielen
  von den 20- bis 25-Jährigen 45 Prozent,
  von den 25- bis 30-Jährigen 56 Prozent,
  von den 30- bis 35-Jährigen 36 Prozent,
  von den 35- bis 40-Jährigen 29 Prozent.
  Von den Rekruten der nach 1920 geborenen Jahrgänge fielen in der Regel mehr als 30 Prozent.
- Mehr als zwei Millionen Zivilisten kamen auf der Flucht und während der Vertreibung ums Leben (mehr als die Hälfte davon Frauen und Kinder); eine halbe Million wurde Opfer des Bombenkrieges.
- Im Frühjahr 1947 befanden sich noch 2,3 Millionen Kriegsgefangene in den Lagern der Alliierten und 900 000 in sowjetischen Lagern. Im Laufe des Jahres 1947 wurden weitere 350 000 entlassen, 1948 rund 500 000 und 1949 weitere 280 000.
- Im Bundesgebiet wurden Ende 1950 über 2,1 Millionen Kriegsversehrte des Ersten und Zweiten Weltkrieges registriert.
- Die Gefallenen und Vermissten hinterließen mehr als 1,7 Millionen Witwen sowie fast 2,5 Millionen Halbwaisen und Vollwaisen. Geschätzt wuchs ungefähr ein Viertel aller Kinder nach dem Zweiten Weltkrieg auf Dauer ohne Vater auf.

Erst weitere und aktuelle repräsentative Untersuchungen präzisieren das Ausmaß langfristiger oder dauernder väterlicher Abwesenheit aufgrund von Kriegsfolgen: Bei den Jahrgängen 1929–1931 fand sich eine Vaterabwesenheit aufgrund von Tod in neun Prozent und durch Kriegsfolgen/Gefangenschaft in 64 Prozent und entsprechend für die Jahrgänge 1939–1941 durch Tod in 16 Prozent und in Folge von Krieg/Gefangenschaft in 70 Prozent. Entsprechend ergab sich eine Trennung vom Vater während der Kindheit im Umfang von mindestens sechs Monaten in den ersten 16 Lebensjahren für die Kohorte 1929–1931 in 57 Prozent und für die Kohorte 1939–1941 in 41 Prozent.[13]

In Mannheim war beim Jahrgang 1935 der Vater in 58,4 Prozent mindestens über sechs Monate abwesend und beim Jahrgang 1945 noch in 41,2 Prozent.[14] In einer repräsentativen Erhebung in West- und Ostdeutschland war der Vater bei der Kohorte 1930/32 in 21,1 Prozent verstorben (die Mutter in 8,7 Prozent). 61,9 Prozent waren von den Elternteilen zeitweilig getrennt/verlassen.[15]

Darüber hinaus erlebten zahlreiche Kinder weitere direkte Auswirkungen wie auch lang anhaltende Folgen des Zweiten Weltkrieges: So fanden sich z. B. Flucht, Vertreibung oder Übersiedlung in 35,4 Prozent, Bombardierungen oder Kämpfe in 89,4 Prozent, Traumata außerhalb normaler Erfahrung (z. B. direkte Gewalterfahrung) in 7,4 Prozent und chronische Erkrankungen oder Behinderungen in 7,8 Prozent, daneben der Tod von Geschwistern in 16,2 Prozent. Gleichzeitig zeigte sich, dass jeweils ca. 25 Prozent dieser Kinder zweifache, dreifache oder sogar vierfache Belastungen – und damit kumuliert – erlebt hatten.[16]

Es muss darauf hingewiesen werden, dass die Kindheiten im Zweiten Weltkrieg (und in der Nachkriegszeit bis 1948) extrem unterschiedlich verliefen:
- In ca. 45 Prozent wuchsen die Kinder durch den Krieg und seine Folgen kaum beeinträchtigt bei anwesendem Vater in sicheren, stabilen familialen, sozialen, materiellen und wohnlichen Verhältnissen auf.
- 25–30 Prozent der Kinder wuchsen bei zeitweiliger väterlicher Abwesenheit und unter zeitweilig eingeschränkten Lebensbedingungen auf.

- Circa 25–30 Prozent der Kinder wuchsen bei lang anhaltender oder dauernder väterlicher Abwesenheit unter in der Regel zugleich lang anhaltend beschädigten Lebensumständen auf.

Da unter den Kindern und Jugendlichen der Jahrgänge 1930/32 bis 1947/48 in der Regel weder in der Kindheit noch später in der Erwachsenenzeit über die Erlebnisse und Folgen des Zweiten Weltkrieges gesprochen wurde, geht interessanterweise jede der drei oben genannten Gruppen davon aus, dass das selbst erfahrene Schicksal entsprechend auch alle anderen betraf.

Das Erleben dieser schrecklichen Ereignisse führte jedoch nicht – quasi automatisch – bei allen Kindern und Jugendlichen später in der Erwachsenenzeit zu lang bis lebenslang und bis ins Alter anhaltenden traumatisierenden Folgen, obwohl sie sich zweifelsohne bei zahlreichen Kindern und Jugendlichen dieser Jahrgänge nachweisen lassen. Als hierfür bedeutsam erwiesen sich die schützenden Einflüsse insbesondere in Kindheit und Jugendzeit, aber auch im Erwachsenenalter.

Schutzfaktoren für die Kindheit
Als Schutzfaktoren für die Kindheit werden heute übereinstimmend angesehen:
- eine adäquate frühkindliche Eltern-Kind-Bindung,
- eine dauerhaft gute Beziehung zur Mutter als primärer Bezugsperson,
- eine beschützende und auffangende Großfamilie,
- ein gutes Ersatzmilieu nach Verlust der Eltern,
- überdurchschnittliche Intelligenz,
- robustes, aktives Temperament.

Leider standen die aufgezählten Schutzfaktoren gerade während der Kriegs- und Nachkriegszeit oft so nicht zur Verfügung. Neben diesen Schutzfaktoren können bei der Entwicklung von Kindern und Jugendlichen zusätzliche positive Erfahrungen die durch die negativen Erfahrungen gemachten Defizite auffangen. Als entscheidend erweist sich weiterhin, ob während des gesamten Lebensverlaufs weitere fördernde bzw. belastende biografische Erfahrungen erfolgten.[17]

Folgen des Krieges für die Kinder
Die bis heute und damit lebenslang anhaltenden Folgen dieser damaligen Ereignisse und Erfahrungen (und dazu noch in Kumulation) lassen sich aufgrund bisher weitgehend fehlender Forschungen weder quantitativ, aber auch nicht ausreichend qualitativ beschreiben.[18] Zusätzlich besteht die Schwierigkeit, dass viele der (z.B. testpsychologisch erfassbaren) Symptome und auch Verhaltensweisen eher diskret ausfallen und dazu noch als ich-synton (als zu sich selbst gehörig) angesehen werden. Auf jeden Fall lassen sich als Folgen bisher beschreiben:
- Eine mindestens sechsmonatige väterliche Abwesenheit während der ersten sechs prägungssensiblen Lebensjahre führt zu einer (auch statistisch relevanten) psychogenen Beeinträchtigung im späteren Leben.[19]
- Die lang anhaltende bzw. dauerhafte väterliche Abwesenheit in der Kindheit bedingt dann eine eingeengte und verunsicherte Identität, wenn keine weiteren befriedigenden Beziehungen zu einem anderen Mann (z.B. älterer Bruder, Onkel, Stiefvater oder Großvater) möglich wurden. Entsprechend resultierten daraus Bindungs- und Beziehungsstörungen.[20]
- Die Symptome einer Posttraumatischen Belastungsstörung (PTBS) finden sich im Vergleich zur Durchschnittsbevölkerung voll ausgeprägt nur in geringem Umfang, die einer teilweisen PTBS dagegen schon auffallend häufiger (untersucht an einer Gruppe von 14- bis 15-jährigen Flüchtlingskindern).[21]
- Ausbombungen und Vertreibung führen bis heute häufig zu einem lang anhaltenden reduzierten psychischen Wohlbefinden, zur Einschränkung der Lebenszufriedenheit wie auch der psychosozialen Funktionsfähigkeit.[22]
- Viele sich dazu noch kumulierende Belastungen müssen auch pathophysiologisch als dauerhafter, chronischer Stress aufgefasst werden, mit der wahrscheinlichen Konsequenz entsprechender körperlicher Erkrankungen.[23]
- Die Erfahrung, die Kriegszeit und alle Belastungen (wie z.B. Ausbombung, Vertreibung, Hunger oder Erkrankungen) ohne Rücksichtnahme auf den Körper überlebt zu haben – häufig noch in Verbindung mit einem entsprechenden Selbst- und Idealbild –, hatte offensichtlich bei vielen Männern (und ebenso auch Frauen) einen beschädigenden Umgang mit dem

eigenen Körper zur Folge. Sie kümmerten sich bis ins Alter kaum befriedigend um ihren Körper, etwa durch Wahrnehmung entsprechender Vorsorgeuntersuchungen, systematische Behandlung vorliegender Krankheiten, Krankheitsnachsorge, Körperpflege, Erholung etc.

Weitere vermutbare und insbesondere gesellschaftliche Folgen, wie z. B. bezüglich Erziehungsstilen, politischen Einstellungen oder Zeugung von Kindern wurden bisher noch nicht systematisch erforscht.

Entwicklungspsychologische Aspekte
Hartmut Radebold

Die Väter – lebenslange Bedeutung

Die seit dem Ende des Zweiten Weltkrieges und während der gesamten zweiten Hälfte des 20. Jahrhunderts intensiv und kontrovers geführte sowie bis heute anhaltende Debatte über die Bedeutung des Vaters kann und soll hier nicht nachvollzogen werden. Die Forschung des letzten Jahrzehnts belegt jedoch nachdrücklich, dass dem Mann als Vater, hier verstanden als Repräsentant des väterlichen Modells, eine unverändert zentrale psychologische Bedeutung zukommt. Dagegen verringerte sich seine diesbezügliche soziale wie auch ökonomische Bedeutung deutlich. Diese Wichtigkeit des Vaters beruht (psychoanalytisch gesehen) auf der durch ihn vermittelten bzw. durch ihn erlebbar gemachten Triangulierung, der ödipalen Konstellation, der Identitätsbildung und auf den durch ihn vermittelten äußeren Anforderungen von Umwelt und Kultur.

Triangulierung
In der »Separationsphase« (d. h. der Trennungsphase zwischen dem 9. und 14. Monat) beginnt das Kind, sich schrittweise von der Mutter zu lösen und die Außenwelt, zu der jetzt auch der Vater gehört, zu erkunden. In der nachfolgenden Wiederannäherungsphase an die Mutter (noch im ersten Lebensjahr) wird der Vater als eigene, von der Mutter und sich selbst getrennte Person wahrgenommen und wird gefühlsmäßig wichtig. Zur Überwindung der sich entwickelnden Zwiespältigkeit (z. B. Zuneigung und Abgrenzung) gegenüber der Mutter braucht das Kind eine weitere Person. Da der Vater in geringerem Maß von dieser kindlichen Zwiespältigkeit betroffen ist, eignet er sich besser als gute und Schutz bietende Person, an die sich das Kind anlehnen kann. Dadurch hilft er ihm, seine symbiotischen Wünsche an die Mutter aufzugeben und sich aus der sehr engen

Bindung an sie zu lösen. Mit Hilfe zweier voneinander getrennter Personen wird die Überwindung der Symbiose möglich.

Der mit Hilfe dieser Triangulierung erfolgende Reifungsschritt ist die notwendige Voraussetzung zur weiteren Individuation. Dabei braucht der Junge mehr als das Mädchen die Identifizierungsmöglichkeiten mit dem Vater und seine Hilfe, sich aus dieser Verschmelzung mit der Mutter zu lösen. Sohn und ebenso Tochter erleben jetzt gleichzeitig durch den vorhandenen Vater das erste Modell »Mann«. Wenn das Kind beide Elternteile als selbstständige wichtige Bezugspersonen verinnerlicht hat, besteht weiterhin durch die »Über-Kreuz-Identifikation« die Möglichkeit, sich nicht nur mit dem gleichgeschlechtlichen, sondern auch mit dem gegengeschlechtlichen Elternteil zu identifizieren; das heißt zum Beispiel für den Jungen, weibliche Anteile zu entwickeln und zu integrieren.

Ödipale Konstellation
Aufgrund der (sexuellen) Wünsche an die Mutter erlebt der Sohn gegenüber seinem Vater ihm bisher unbekannte Gefühle von Neid und Rivalität, aber auch von Wut und Zorn. Die phallisch-ödipale Konkurrenz konfrontiert ihn sowohl mit den durch seinen Vater als auch mit den durch seine Mutter gesetzten Regeln zur Triebunterdrückung. Auf zunehmende Bestrafungsängste ob seiner sexuellen Wünsche folgen einerseits ihre Verdrängung und andererseits eine allmähliche Entwicklung des Über-Ich als Gewissensinstanz. Erst nach Überwindung dieses Inzest-Wunsches kann sich der Sohn nach aufgegebener Rivalität mit der Männlichkeit des Vaters identifizieren. Dieser Entwicklungsschritt leitet seine eigene psychosexuelle Identitätsfindung ein.

Identitätsbildung
Aus der Sicht der heutigen psychoanalytischen Entwicklungspsychologie wird die Identitätsbildung als ein komplexer, insgesamt störungsanfälliger Prozess angesehen, der ein Leben lang eine seelische Integrationsarbeit erfordert: Identität ist nicht etwas, was wir haben, sondern etwas, was wir uns immer wieder neu erwerben. Dabei sind folgende Aspekte bestimmend: Identitätsbildungsprozesse finden an der Schnittstelle zwischen

äußerer und innerseelischer Realität statt. Um sich selbst im Verlaufe der Zeit als unverändert gleich zu erleben, benötigt man zum einen den andauernden Vergleich mit sich selbst und seinen früheren Erfahrungen, insbesondere wie man sie bewertet und wie man sich an sie erinnert. Zum anderen stützt man sich auch darauf, wie man von außen als *noch* immer gleiche Person wahrgenommen wird.

Der erste Vorläufer eines Identitätsgefühls beruht auf der Erfahrung des kleinen Kindes, sich selbst im Spiegel der Mutter, das heißt, in ihren Reaktionen auf sich selbst, zu erkennen. Entscheidend ist daher, dass die Identität sich nur in der Beziehung zu einem bedeutungsvollen Anderen bilden kann. Die Erwartungen, die der bedeutungsvolle Andere an das heranwachsende Kind richtet, bilden später als soziale Normen und Werte den inneren Spiegel, vor dem sich Identität bilden kann. Daher sind für die spätere Entwicklung einer tragenden Identität Spiegelerfahrungen mit der Mutter (als der primär geliebten Person), aber auch mit weiteren wichtigen Personen (eben dem Vater) entscheidend.

Nach den ersten Identitätsbildungsprozessen in der frühen Kindheit bedarf der Jugendliche im heranwachsenden Alter (Adoleszenz) als zweiter Phase der Verselbstständigung einer Phase des Innehaltens (psychosoziales Moratorium), um sich von den elterlichen Werten und Vorstellungen ablösen zu können und damit in Konsequenz zu einer eigenen Identität mit einem eigenen Werteraum zu finden. In diesem Prozess spielen Größenphantasien eine zentrale Rolle: Zum Beispiel muss der Jugendliche die Illusion ausbilden können, er sei ein wichtiges, aktives und mitgestaltendes Mitglied seiner kulturellen Gesellschaft. Dazu sollte er in seiner Phantasie seine eigenen Weltentwürfe und Wertesysteme entwickeln können, sonst wird er vorschnell auf intensive Gefühle eigener Ohnmacht und Wertlosigkeit zurückgeworfen. Um derartige narzisstische Größenphantasien allmählich abarbeiten und um schließlich auf sie verzichten zu können, bedarf es der eigenen realen Erfahrung, als Person erwünscht zu sein und gebraucht zu werden.

Parallel zu diesem Prozess muss der Junge auf seine zahlreichen (körperlichen) Veränderungen reagieren: Sein Körperwachstum nimmt in dieser Zeit sprunghaft zu, die Geschlechtsorgane funktionieren, der eigene Körper wandelt sich zunehmend. Das sinnliche Erleben steht unter dem Einfluss überflutender sexueller Impulse bei ansteigendem Aggressionspegel. Bekanntlich bedarf es eines langen Prozesses von Abwehr und Anpassung, um diesen Prozess und die ihn begleitenden stürmischen Gefühle unter Kontrolle zu bekommen. Schließlich müssen von den vielen während der Adoleszenz erprobten Identitätsentwürfen jene ausgewählt werden, die als zugehörig und zentral für die ureigenste Identität empfunden werden. Diese Auswahl geht mit Trennungsprozessen einher: Man muss sich von früheren und/oder den ausprobierten Selbst- und Selbstidealentwürfen lösen, auch von nicht (mehr) genehmen Identitätsanteilen. Identitätsbildungsprozesse können nur gelingen, wenn die Grenzen zwischen dem eigenen Selbst und anderen Personen stabil entwickelt wurden und nicht Gefühle von Hilflosigkeit, Minderwertigkeit oder die Angst vor endgültiger Trennung und Verlust entstehen bzw. überwiegen.

Somit lassen sich die väterlichen Aufgaben wie folgt beschreiben: »Den Sohn zu lieben, ihn zu fördern, Verantwortung für ihn zu tragen, ihn vor Gefahren zu beschützen, ihm Vertrauen zu geben und ihm Vorbild zu sein, waren seit dessen erstem Schrei nach der Geburt seine (des Vaters) bewussten Ziele. Nur so gelingt es ihm, nicht nur die Triebkräfte, sondern ebenso den Narzissmus des Sohnes zu bändigen (...) Voraussetzung dafür ist die ›konstante Führung‹. Die dabei unvermeidbar auftretenden Machtkämpfe fordern den Vater in seiner ganzen Stärke heraus, aber auch in seiner Liebe und Zuwendung, die oft auf eine harte Probe gestellt werden. Dieser Teil der väterlichen Verantwortung ist nicht auf eine bestimmte Entwicklungsphase beschränkt (...) vielmehr greift die Autorität des Vaters bereits in der frühen Individuationsphase ein, in der die motorische Funktion und der kindliche Wille sprunghaft expandieren, und er muss die folgende Entwicklung bis weit über die Pubertät hinaus ständig begleiten.«[24] Der Vater wird so zur unverzichtbaren Person, an dem der Sohn seine Aggressionen erproben kann und mit dem er seine Konkurrenz auszutragen lernt.

Äußere Anforderungen von Umwelt und Kultur
Darüber hinaus verkörperte und vertrat der damalige Vater deutlich ausgeprägter – und damit oft im Gegensatz zur Mutter – die äußere Realität. Sie umfasste die äußere Lebenssituation (d. h. Verdienst des Lebensunterhaltes, Vertretung nach außen, Schutz u. a. m.) sowie die äußeren Anforderungen von Umwelt und Kultur. Pubertät und Adoleszenz stellen dem Jungen die nächste (Entwicklungs-)Aufgabe: sich mit seinen – aufgrund der Geschlechtsreife – schnell anwachsenden und zunächst kaum beherrschbaren intensiven sexuellen und aggressiven Impulsen auseinanderzusetzen sowie gleichzeitig auf die eindeutigen Forderungen der Außenwelt zu reagieren. Idealtypisch stand so durch den anwesenden Vater dem Jungen als zukünftigem Mann (und in anderer Form der Tochter als zukünftiger Frau) ein erlebbares Modell von Mann/Vater zur Verfügung.

Bedeutung des Vaters für erwachsene Söhne
Wenn der Identitätsbildungsprozess lebenslange seelische Integrationsarbeit erfordert, stellt sich die Frage, welche Bedeutung den Vätern für das gesamte Erwachsenenalter ihrer eigenen Kinder zukommt. Der Vater – jeweils aufgrund des Generationszyklus in der Entwicklung um 25 bis 30 Jahre voraus – zeigt seinen Söhnen (aber auch seinen Töchtern) ein mögliches reales Modell, wie »man(n)« sich weiter entwickelt, insbesondere dadurch,

- wie er trotz der Wirren und Abgrenzungen infolge ihrer Pubertät und Adoleszenz die Beziehung zu ihnen verlässlich aufrechterhält, weiterentwickelt und schließlich erwachsenengerechter gestaltet;
- wie er Freundin und Freund und später Schwiegertochter und Schwiegersohn akzeptiert, in die Familie hineinnimmt und eine eigene Beziehung zu ihnen aufbaut;
- wie er seine Entwicklungsphasen vom mittleren bis zum hohen Alter durchläuft und bewältigt und wie er jeweils die anfallenden psychosozialen und psychosexuellen Entwicklungsaufgaben wahrnimmt;
- wie er sich die jeweils erforderlichen Lebensstrukturen schafft und sich ihnen (im Bedarfsfalle) anpasst;
- wie er lebenslang die intra-generationellen (insbesondere zur

Ehefrau oder Partnerin, zu Geschwistern und Freunden) und die inter-generationellen (insbesondere zu seinen Eltern und Schwiegereltern und eben zu seinen Kindern, aber auch Enkelkindern) Beziehungen gestaltet und verändert;
- wie er bedrohliche Veränderungen (Arbeitsplatzwechsel, -verlust, Ausscheiden aus dem Arbeitsprozess oder Krankheiten) erträgt und bewältigt;
- wie er seinen Interessen und Fähigkeiten nachgeht, wie sich diese während des Lebensablaufs ändern und wie er parallel soziale Aufgaben und Verantwortung übernimmt;
- wie er den langen Prozess seines Alterns gestaltet und dabei sowohl die bestehenden Möglichkeiten erforscht und ausschöpft als auch
- wie er auf die potentiell zunehmenden physischen, psychischen und sozialen Veränderungen reagiert und schließlich
- wie er stirbt.

Lässt man diese väterlichen Aufgabenstellungen sowohl für Kindheit und Jugendzeit als auch für das gesamte nachfolgende Erwachsenenalter noch einmal Revue passieren, so wird deutlich, welche Entwicklungschancen Söhnen und auch Töchtern aufgrund von lange abwesenden und insbesondere dauerhaft abwesenden Vätern fehlten. Dieses durch den Vater vermittelte Modell ermöglicht *eine* Erfahrung. Bestimmt nicht immer als Vorbild anzusehen, gestattet diese Erfahrung jedoch dem Sohn, zukünftige eigene Entwicklungsphasen kennen zu lernen, Anteile davon für sich zu übernehmen oder umgekehrt sich davon abzugrenzen. Dazu kann er in eigenen innerlich unsicheren Situationen auf vorhandene männliche Vorbilder (und Vorbilder der Eltern insgesamt) zurückzugreifen.

Der hier verwendete Begriff der Entwicklungschance soll die Möglichkeiten verdeutlichen, die aufgrund eines anwesenden Vaters idealtypisch bestanden. Selbstverständlich gab es auch in der damaligen Zeit in größerem Umfang unbrauchbare, ungeeignete, sich ihren Aufgaben und Pflichten entziehende, gewalttätige, trinkende und sich in keiner Weise um ihre Kinder kümmernde Väter. Wohl zu Recht beziehen sich viele Vorwürfe der Frauenbewegung auf derartige als Väter erlebte Männer und ebenso auf ihre allein von Müttern erzogenen Partner.

Der damalige Vater hatte auch noch in der ersten Hälfte des 20. Jahrhunderts – soziologisch gesehen aufgrund der traditionellen Rollenverständnisse – selbstverständlich weitere Aufgaben und Funktionen. Er war verantwortlich für Einkommen, Versorgung und Ernährung der Familie – er regelte die finanziellen Angelegenheiten, übernahm die Kontakte zur Außenwelt und verstand sich im Bedarfsfalle als Beschützer seiner Familie. Diese väterlichen Aufgaben und Funktionen halfen Ehefrau und Kindern gerade in Krisen-, Not- und insbesondere Kriegszeiten, überhaupt zu leben und auch zu überleben. War der Vater abwesend oder fehlte gänzlich, so waren die Chancen dafür bedeutend geringer. Bekanntlich mussten damals viele Frauen und dazu noch als Mütter, erst mühsam lernen, autonom zu werden, d. h. selbstständig zu handeln und ihre selbstverständlich vorhandenen Fähigkeiten zu erkennen und zu benutzen.

Die Väter – mögliche Erinnerungen, vermittelte Kenntnisse

Wenn sich die heute älter gewordenen Söhne, in langem Abstand zu der Kindheit, an die Väter zurückerinnern, erscheinen diese Erinnerungen häufig wie aus einem Guss. Sie wirken zusammenhängend, in sich geschlossen, abgerundet, und das auftauchende Gefühl scheint eindeutig zu sein. In Wirklichkeit beruhen diese heutigen Erinnerungen auf einer jeweils hoch individuellen Mischung aus direkten eigenen und damit wirklichen Erfahrungen und den durch die Mutter, andere Familienangehörige und die Umwelt vermittelten Kenntnissen über ihn. Dazu treten die damaligen Wünsche und Erwartungen an ihn, sowie auch die Idealisierungen von ihm. All diese Bestandteile der heutigen Erinnerungen wurden in einem lebenslangen, bis heute andauernden Prozess unbewusst ständig bearbeitet und erhielten je nach eigener Lebenssituation unterschiedliche Bedeutungen. Schließlich mussten sie immer wieder jeweils so umgeschrieben werden, dass sie und insbesondere die mit ihnen verbundenen intensiven Gefühle von Zuneigung und Sehnsucht bis Wut und Hass für die eigene psychische Stabilität erträglich blieben.

Wieviel Erinnerung ist möglich?
Die Antwort auf die Frage, welche direkten persönlichen Erinnerungen man an seinen Vater überhaupt haben kann, hängt von dem eigenen Lebensalter, dem Zeitpunkt und der Dauer seiner vorübergehenden oder ständigen Abwesenheit und den damals gegebenen Begegnungs- und Kontaktmöglichkeiten ab:
- Diejenigen, deren Vater zwischen der Zeugung des Sohnes und bis zum Ende des 3. Lebensjahres des Sohnes gefallen ist, vermisst wurde, in der Kriegsgefangenschaft oder im Lazarett verstarb, verfügen daher kaum oder überhaupt nicht über entsprechende eigene Erinnerungen. Sehr selten verfügen Dreijährige über vereinzelte – wahrscheinlich durch Erzählungen ihrer Umwelt stabilisierte – Erinnerungen an ihren Vater, z. B. anlässlich seines letzten Fronturlaubes.
- Diejenigen, deren Vater zwischen dem 4. und 10. Lebensjahr des Sohnes gefallen ist, vermisst wurde, in Kriegsgefangenschaft oder im Lazarett verstarb, verfügen über ausreichende bis viele (beim Tod des Vaters zwischen dem 8. und 10. Lebensjahr über entsprechend zahlreichere) Erinnerungen. Diese beziehen sich allerdings häufig auf die kurze Dauer der Fronturlaube.
- Diejenigen, deren Vater nach dem 10. Lebensjahr des Sohnes gefallen ist, vermisst wurde, in Kriegsgefangenschaft oder im Lazarett verstarb, verfügen in der Regel über sichere und vielfältige Erinnerungen an ihren Vater. Diese Erinnerungen stammen teilweise noch aus der Vorkriegszeit, dem Beginn des Krieges und/oder von den kurzen Fronturlauben.

Für eine weitere große Gruppe kehrte der Vater nach langer Abwesenheit aufgrund von Kriegsteilnahme und/oder Gefangenschaft als ein fremder Mann während der späteren Kindheit oder in der Pubertät zurück. Dieser Mann entsprach häufig weder den (wenn überhaupt vorhandenen) eigenen Erinnerungen noch den durch die Mutter, die älteren Geschwister und die weiteren Verwandten vermittelten Vorstellungen. Diese zurückgekehrten Väter waren dazu oft körperlich und psychisch versehrt, häufiger längerfristig krank und außerdem geschlagene Verlierer des Krieges – ganz im Gegensatz zu den erlebten Soldaten der Siegermächte.

Bezüglich möglicher eigener Erinnerungen müssen noch zwei weitere Gruppen erwähnt werden: Nach dem Krieg kam es zu einem starken Anstieg der Ehescheidungen, bedingt durch geringe Kenntnis der Ehepartner voneinander in Folge von so genannten Kriegsheiraten, dem Auseinanderleben sowie dem getrennt Leben in Ost- und Westdeutschland. So verloren diese Kinder ihren Vater erneut und damit endgültig. Zu der zweiten Gruppe gehören die Kinder, deren Väter nach längerer Abwesenheit zwar bald aus dem Krieg gesund zurückkehrten, aber – innerlich abgekapselt – lebenslang abwesend waren. Diese Väter verstanden sich zwar als Ernährer ihrer Familie, lebten aber außerhalb von ihr und setzten ihre soziale und wirtschaftliche Karriere fort. Lebenslang blieben sie für ihre Kinder psychisch unerreichbar.

Zu den Erinnerungen an die Väter gehören zahlreiche hochintensive Gefühle; sie sind zunächst eng verknüpft mit den persönlichen Erinnerungen an ihn. Weiterhin stammen sie aus der Phase des bewusst werdenden Verlustes des Vaters, d. h. es handelt sich um Gefühle, die mit Trauer und Ablösung zusammenhängen. Oft vermischen sich Gefühle aus diesen beiden Quellen noch mit den Gefühlen, die infolge der weiteren Schrecken des Krieges (Bombenangriffe/Ausbombung, Vertreibung/Flucht, direkt erlebte Gewalt, Hunger, Not und langfristige Verarmung) erfahren wurden.

Je jünger die Kinder beim Eintritt der langfristigen oder sogar dauerhaften Abwesenheit des Vaters waren, desto mehr müssen sie sich diesbezüglich auf durch die Umwelt vermittelte Kenntnisse stützen bzw. verlassen. Diese Kenntnisse stammen zunächst von der Mutter und von – falls vorhanden – älteren Geschwistern, von Verwandten aus beiden Familien, von Freunden sowie von Arbeitskollegen und auch Kriegskameraden. Diese vermittelten Kenntnisse stützen sich wiederum auf eigene Erinnerungen dieser Menschen, wie auch auf ihre Wünsche, Erwartungen und Vorstellungen über und an diese Männer. Weiterhin ist wichtig, inwieweit die Mutter selbst über Kenntnisse über ihren Mann verfügte und in welchem Umfang sie diese z. B. für die Erziehung ihres Sohnes instrumentalisierte.

Was Erinnerungen wachruft
Eigene direkte Erinnerungen an den Vater sowie über ihn vermittelte Kenntnisse erfuhren lebenslang meist unbewusst bleibende Veränderungs- und Bearbeitungsprozesse. Diese hingen und hängen eng damit zusammen, welche Erinnerungen wann im eigenen Lebenszyklus Bedeutung bekommen und welche Fragen man(n) an seinen Vater stellen möchte. Abgesehen von diesen lebenslaufzyklusabhängigen Erkundigungen waren es für die Kriegskinder besondere Situationen, die Erinnerungen (und auch Sehnsüchte) an den Vater bzw. Anfragen an ihn wachriefen oder herausforderten:

- Die Begegnung mit den Vätern der Spiel- und Schulkameraden wie auch mit den Vätern in der Verwandtschaft konnte zunächst nur Sehnsüchte und Erwartungen wecken. In der Regel nicht einlösbar, erfolgten tiefe Enttäuschungen und Rückzüge.
- Die Suche nach weiteren geeigneten »Vater«-Männern erfolgte in der Schule, in den Jugendorganisationen (und insbesondere in der Bündischen Jugend), im Betrieb, in der Hochschule und schließlich in der Person des Schwiegervaters. Oft gestand man sich diesen Wunsch kaum selbst zu, konnte ihn entsprechend kaum verstehbar vermitteln, und wiederum folgten Enttäuschungen und Rückzug.
- Bald war man(n) aufgrund des frühen Verlustes seines relativ jungen Vaters chronologisch älter als der Vater selbst. So besaß man(n) kein Vorbild für die zukünftigen Lebensphasen und keine Möglichkeit, entsprechende Erfahrungen zu machen und diesbezügliche Fragen zu stellen.
- Partnerschaft und eigene Vaterschaft bedeuteten Unklarheit, Unsicherheit und manchmal auch Angst und Beunruhigung ob der unbekannten Aufgaben, Pflichten und Möglichkeiten. Viele dieser Fragen riefen wiederum sehnsüchtige Erinnerungen an den Vater als möglichem Vorbild wach.
- Die durch Schule und Hochschule angestoßene Beschäftigung mit der deutschen Geschichte in der ersten Hälfte des 20. Jahrhunderts (Stichworte: Nationalsozialismus, Drittes Reich, Zweiter Weltkrieg und seine Folgen) forderte die Untersuchung der eigenen Familiengeschichte und damit wiederum viele nicht mehr stellbare Fragen an den eigenen Vater (nach

seiner Einstellung, seinen diesbezüglichen Funktionen, Aufgaben und Tätigkeiten) ein.
- Manchmal ermöglichte erst eine Psychotherapie die Suche nach dem abwesenden Vater zu beginnen, fortzusetzen oder zu beenden. Oft verhalf sie erstmals bewusst dazu, die Intensität der eigenen Wünsche und Bedürfnisse kennen zu lernen. Sie ermöglichte dann, eigene Erinnerungen, vermittelte Kenntnisse und die vielen Bearbeitungsschritte zu unterscheiden.

Das eigene Älterwerden bringt eine neue Lebenssituation mit sich: Pflichten entfallen oder sind bereits entfallen (Berufstätigkeit, Versorgung von Eltern und Kindern), mehr freie Zeit steht zur Verfügung. Stärker andrängende und sich wieder belebende Erinnerungen aus Kindheit und Jugendzeit sowie die nur noch in gewissem Umfang zur Verfügung stehende Lebenszeit fordern dazu auf, sich der eigenen Biografie noch einmal bewusst zu werden. Somit besteht jetzt eine gewisse Chance, ein eindeutigeres, differenzierteres und möglicherweise auch befriedigenderes Bild des eigenen Vaters zu bekommen.

Die Mütter – lebenslang zu intensiv an sie gebunden?

Aufgrund der lang anhaltenden Folgen schon des Ersten, aber insbesondere des Zweiten Weltkrieges standen viele Mütter – in der Öffentlichkeit als Kriegswitwen oder Trümmerfrauen bekannt – vor der verantwortungsvollen, schwierigen und sich über viele Jahre erstreckenden Aufgabe, ihre Kinder zu versorgen und zu erziehen. Dies überforderte sie oft! Ihre damaligen Lebenssituationen und ihre weiteren Schicksale gestalteten sich jedoch in dieser Zeit extrem unterschiedlich.[25]
- Bezüglich Lebensalter und möglicher Kinderzahl: einerseits die junge Frau, die während der ersten Schwangerschaft ihren Mann verliert – andererseits die 40-jährige Frau, deren Mann als Vater mehrerer Kinder nicht mehr zurückkehrt;
- bezüglich der gemeinsam erlebten Zeit: die Frau, die ihren Mann nach kurzer Bekanntschaft und einer Kriegsheirat bald verliert – oder die Frau im mittleren Alter, die ihren Mann längere Zeit bis Jahrzehnte kannte;

- bezüglich Lebenserfahrung und Autonomie: die familiär noch abhängige Frau ohne Berufsausbildung – oder die lebenserprobte Frau mit erlerntem Beruf und bereits praktizierter Autonomie;
- bezüglich materieller und familiärer Unterstützung: die junge Frau als während oder nach dem Krieg angelernte Arbeitskraft/Hilfsarbeiterin ohne weitere materielle Versorgung – oder die Frau mit ausreichender bis guter Rente oder später wieder verfügbarem Vermögen oder zumindest ausreichendem eigenen Verdienst und dazu noch materieller Versorgung;
- bezüglich sozialer Sicherheit und familiärer Unterstützung: die Frau als Flüchtling/Vertriebene in einer fremden sozialen Welt ohne helfende Eltern und/oder Geschwister oder weitere Verwandte – oder die Frau eingebettet in eine erhaltene Lebensstruktur mit breiter familiärer Unterstützung von beiden Familien (also auch durch noch vorhandene eigene Eltern oder Großeltern);
- bezüglich weiterer Aufgaben: einerseits die Frau, die als Flüchtling/Heimatvertriebene, dazu verwitwet und noch zusätzlich zum Existenzaufbau kranke und/oder pflegebedürftige Eltern oder Schwiegereltern versorgen musste – andererseits die Frau, die sich aufgrund der familiären und sozialen Unterstützung ausschließlich um die Erziehung des einzigen Kindes bzw. mehrerer Kinder kümmern konnte.

Männerbilder der Mütter
Wie konnten die Mütter in dieser Situation ihre Söhne erziehen? Entscheidend war zunächst, über welche Männerbilder und insbesondere über welche Väterbilder diese Frauen verfügten und welche Erfahrungen sie überhaupt mit den Vätern ihrer Kinder als Partner und als Väter machen konnten. Bereits der Erste Weltkrieg führte zu zwei Millionen Kriegstoten und zahlreichen Kriegsinvaliden. So wuchs zwischen den beiden Weltkriegen bereits eine große Anzahl von Mädchen vorübergehend oder auf Dauer ohne Vater auf. Dementsprechend verfügten sie innerpsychisch entweder über überhaupt kein oder zumindest über kein sicheres und befriedigendes Bild eines Vaters und damit des ersten Modells eines Mannes im Lebenszyklus. Dazu erinnere man sich, dass auch die überlebenden Männer in der Zeit

zwischen den beiden Weltkriegen aufgrund von Arbeitslosigkeit, Hunger, Verarmung und den politischen Auseinandersetzungen oft kein sehr überzeugendes Bild als Väter boten und ihre väterlichen Aufgaben in der Familie nicht wahrnahmen bzw. nicht wahrnehmen konnten.

Ohne dieses innere sichere Bild eines Vaters und damit Mannes gingen jetzt viele Mädchen auf Partnersuche. Viele erwarteten insgeheim, durch einen (Ehe-)Mann Geborgenheit, Sicherheit und Schutz sowie eine lange befriedigende Partnerschaft zu erleben. Leider konnten viele dieser Männer – in ihrer männlichen Identität aufgrund des fehlenden bzw. lange abwesenden eigenen Vaters als Mann verunsichert – diesen Erwartungen nicht entsprechen. Dazu fehlten sie bald wieder – auf lange Zeit oder auf Dauer. Selbst wenn sie aus dem Krieg und/oder Gefangenschaft zurückkehrten – außerdem häufig langfristig krank oder versehrt – entsprachen sie spätestens jetzt nicht mehr den Erwartungen und Wünschen ihrer Frauen. Dazu blieben zwischen beiden Partnern weitgehend die Erfahrungen ausgeklammert, was beide für sich allein während des Krieges und in der Nachkriegszeit gemacht hatten. Rechnet man zurück, so hatten viele Frauen vor Weggang bzw. Verlust ihres Mannes teilweise nur Monate bis wenige Jahre wirklich mit ihren Männern zusammengelebt. Das innerpsychische väterliche Bild, die befriedigten bzw. unbefriedigt gebliebenen Wünsche an den Mann, die Qualität der mit ihm erlebten und mit ihm erfahrenen Beziehung sowie die vermittelten bzw. vermuteten (Erziehungs-)-Ansichten des abwesenden Mannes waren maßgeblich dafür verantwortlich, auf welches Männerbild hin der eigene Sohn erzogen wurde und welches Beziehungsangebot er bekam. Zusätzliche Bedeutung erhalten die in Familie und Umwelt nach Kriegsende noch vorhandenen Männer.

Allianz zwischen Mutter und Sohn
Mangelte es an diesen zentralen Voraussetzungen, gestaltete sich die Erziehungsaufgabe noch schwieriger. Bei Erziehungsschwierigkeiten idealisierten die Mütter besonders häufig ihren gefallenen Mann, und vermittelten so dem Sohn ein unerreichbares Idealbild. Manchmal gaben sie ihre eigenen Vorwürfe ob des (erneuten) Verlassenwordenseins, ihre Enttäuschungen und

ihre Hoffnungslosigkeit bezüglich eines besseren zukünftigen Lebens, sowie ihre Resignation über das augenblickliche Leben an ihren Sohn weiter. Er sollte ein ganz anderer Mann als der sie enttäuschende eigene werden: Keinesfalls sollte er von ihr weggehen, sondern sie – so weit wie möglich – unterstützen und sie sogar für die früheren Enttäuschungen entschädigen. Entsprechend resultierte ein jeweils spezifisches, intensives und auf (lebenslange) Dauer angelegtes Beziehungsangebot.

Der Sohn wurde früh parentifiziert (d. h. zu einem erwachsenen Elternteil gemacht). Dazu kam die räumliche Nähe, die sich aufgrund der Wohnungsnot infolge von Ausbombung, Einquartierung oder Flüchtlingsstatus ergab. Sie gestaltete sich oft grenzüberschreitend und nicht selten verführerisch, wenn z. B. Mutter und Sohn lange Zeit im selben Bett schliefen. Ein endlich nach langer Zeit doch zurückkehrender Vater fand entsprechend eine schwer zu schwächende Allianz zwischen Mutter und Sohn vor. Der Sohn lehnte den »fremden« Mann als Konkurrenten ab, bekämpfte ihn und distanzierte sich später in der Pubertät zunehmend von ihm. Ein Stiefvater war daher ebenfalls oft nicht erwünscht. Zu dieser Allianz trug außerdem bei, dass die Söhne oft selbst kaum über den Verlust ihres Vaters getrauert hatten bzw. trauern durften. Die Sehnsüchte nach ihm bestanden in voller Intensität weiter; dazu verspürten sie ihre Vorwürfe an ihn ob des eigenen Verlassenseins.

In der Regel waren sie allerdings bezüglich dieser und auch anderer Fragen alleingelassen: Ihre Mütter waren mit Versorgung, Überleben und vielfältigen Pflichten beschäftigt und dadurch oft überfordert. So wussten sie in der Regel nicht, was sich in ihren Söhnen psychisch abspielte – außerdem redete man damals sehr viel seltener als heute miteinander über solche Themen und Gefühle. So fühlten sich ihre Söhne in fast allen ihre männliche Identität betreffenden Fragen allein gelassen – insbesondere dann, wenn weitere männliche Modelle und damit Vorbilder fehlten.

Wie Söhne ihre Mütter wahrnahmen
Diese intensive Beziehung brachte auch eine besondere Erfahrung für den späteren Umgang mit anderen Frauen mit sich. Diese Mütter wurden in Kindheit und Jugendzeit aufgrund der

nicht möglichen Triangulierung als besonders stark, manchmal bedrohlich bis allmächtig erlebt – durch den fehlenden Vater gab es keinen Dritten in der Familie! Die große Menge an Kriegstoten boten nur relativ wenigen Kriegswitwen die Möglichkeit einer neuen und dazu befriedigenden Partnerschaft. Diese Mütter konnten deshalb auch nicht als Partnerinnen in einer Ehebeziehung erlebt werden. Ihre Söhne bekamen dadurch das Bild einer allein stehenden, schnell älter werdenden, müden und abgearbeiteten, durch ihre Sorgen aufgeriebenen und dazu noch asexuellen Frau vermittelt. Weiterhin wurde die Mutter aufgrund der kargen und schwierigen Lebensumstände häufig zu einer strengen und versagenden Erziehung genötigt. Eine solche Mutter wurde aufgrund ihrer Macht, ihres Verhaltens und ihres Schicksals keinesfalls zu einem für die spätere Wahl einer Partnerin anzustrebenden Modell. Auch die Mütter, deren Partner (also der Vater) zurückkam, enttäuschten häufig. Sie gaben ihre erreichte Selbstständigkeit auf, traten familiär und auch beruflich ins »zweite Glied« zurück und reagierten häufiger mit lang anhaltenden Krankheitszuständen und innerem Rückzug. Auch dieses Modell einer Frau erschien nicht brauchbar.

Ansprüche der Mütter
Aufgrund fehlender, verunsichernder oder sogar erschreckender eigener Erfahrungen von männlichen Reaktionen und Verhaltensweisen reagierten die Mütter später bei ihren heranwachsenden Söhnen entsprechend beunruhigt, erschreckt oder sogar ablehnend bis eindeutig verbietend. Sie lehnten deren erwachende Sexualität (Interesse für Mädchen, Ansehen von Filmen und Zeitschriften mit nackten Frauen und insbesondere die Selbstbefriedigung) ab, ebenso wie ihre aggressiven Äußerungen, Impulse und Gefühle (Wut, Hass, Zorn, Verachtung, Neid). Denn der Krieg hatte ihnen gerade die schrecklichen Folgen aggressiver Ideologien und Handlungen verdeutlicht.

Nachfolgend verlangten diese allein gebliebenen Kriegswitwen öfter von ihren oft einzigen Söhnen zum Ausgleich und als Wiedergutmachung für ihre deprimierende Lebenssituation lebenslange Unterstützung und Hilfestellung. Sie wussten zwar rational, dass ihre Söhne einmal heiraten sollten und mussten. Zunächst gab es aber oft die Phantasie eines langen Zusammenlebens mit dem jetzt erwachsenen und Geld verdienenden Sohn ohne eine andere Frau. In Konsequenz war diese für lange Zeit und möglicherweise überhaupt nicht erwünscht und wurde eher nicht mit offenen Armen als seine Freundin respektive zukünftige Schwiegertochter empfangen.

Ablösungswünsche der Söhne
Man übersehe aber dabei nicht, dass die Söhne durch ihre Mütter zunächst und für lange Zeit eine intensive, befriedigende, sie bestätigende und gleichzeitig auch sehr umsorgende Beziehung erlebt hatten. Dazu traten Schuldgefühle ob des Wunsches, sich abzulösen und wegzugehen. Deshalb blieb ein Teil der Söhne bei ihren Müttern – innerlich und auch äußerlich. Zu diesem engen, teilweise symbiotischen Bündnis zwischen Mutter und Sohn trugen auch das gemeinsame Erleben und Überleben von vielfältigen Gefahren und Schrecken in der Endphase des Krieges und in der direkten Nachkriegszeit bei. Die Söhne erfuhren sich zusätzlich als Retter und Beschützer ihrer Mütter. Diese gemeinsamen Erfahrungen vermittelten allerdings für alle Zeit das Gefühl, dass man nur gemeinsam erfolgreich überlebt und nur diese Gemeinsamkeit Schutz, Sicherheit und auch Trost bewirkt. So wird verständlich, warum diese Söhne auch später in Situationen, in denen sie sich beunruhigt, bedrückt oder von einer anderen Frau verlassen fühlten, immer wieder innerlich – und auch äußerlich – zu ihren Müttern zurückkehrten.

Ein derartiges Beziehungsangebot konnten und wollten viele der möglichen zukünftigen Partnerinnen nicht machen; dazu verlangten sie eine eindeutige männliche Identität – selbst wenn ihnen zunächst die freundliche Zuvorkommenheit, das umfassende Verständnis und die fehlende Aggressivität sehr gefielen. Heute ist bekannt, dass viele dieser Kriegskinder an starken Beziehungs- und Bindungsstörungen litten, mit dem Resultat häufiger Trennungen. Oft verstanden diese Männer überhaupt nicht, warum sie von ihren Frauen verlassen wurden. Viele dieser so geprägten Söhne spürten jedoch schon früh ihre zu enge und allmählich beunruhigende bis bedrohliche Bindung an ihre Mütter und versuchten, sich auf vielfältige Weise abzulösen:

- Sie suchten eine möglichst große räumliche Distanz zu ihrer Mutter.
- Die gesuchte Partnerin sollte in keiner Weise wie die Mutter aussehen oder Züge und Verhaltensweisen der Mutter aufweisen.
- Als Teilnehmer der 68er Generation oder zumindest in Identifizierung mit diesen Ansichten wurden völlig andere, teilweise extrem gegensätzliche Lebens- und Erziehungsformen gesucht und erprobt.
- Andere gingen auf deutliche Distanz zu Frauen; sie wollten auf keinen Fall lebenslange Bindungen eingehen und dazu noch Kinder zeugen und großziehen.
- Einem Teil gelang es erst mit Hilfe einer Psychotherapie/ Psychoanalyse, sich im mittleren Erwachsenenalter von ihren Müttern wirklich abzulösen.

Häufiger blieb jedoch die intensive Beziehung lebenslang erhalten. Sie wurde erst in Frage gestellt, wenn die Mütter während ihres Alterns hilfloser, abhängiger oder dement wurden – letztendlich, wenn sie verstarben. Der Tod ihrer Mütter ließ diese Söhne teilweise erstmals das intensive Gefühl des wirklich Verwaistseins und damit des Verlassenseins erleben.

Die Folgen: dauerhaft verunsichert und eingeschränkt?

Mögliche Auswirkungen der Kriegszeit auf das Aufwachsen der Jungen lassen sich aus heutiger (Forschungs-)Sicht – also rückblickend – wie folgt beschreiben:[26]

- Die väterliche Abwesenheit konnte zu einer unsicheren und dazu eingeschränkten psychosexuellen und psychosozialen Identität führen. Die Identitätsbildung war insbesondere dann gestört, wenn eine zu weitreichende Identifizierung mit einem lediglich vermittelten Bild des Vaters und/oder aufgrund familiärer Delegationen (d.h. der Erwartungen der Familie) erfolgte. Dieses Bild konnte dann nicht durch den notwendigen langfristigen persönlichen Erfahrungs-, Anpassungs- und schließlich Abgrenzungsprozess korrigiert werden. Außer-

dem stand kein Modell eines Mannes für den gesamten Lebenszyklus zur Verfügung, das im Falle eines unbrauchbaren Vaters zur Abarbeitung dienen konnte. Insbesondere für bestimmte Aufgabenstellungen, z. B. Führung einer Partnerschaft in verschiedenen Abschnitten des Lebenszyklus, Vaterschaft und Altern fehlten entsprechende Vorbilder.
- Die langfristige oder dauerhafte väterliche Abwesenheit bedingte eine sehr enge Bindung an die Mutter – unterstützt durch die entsprechende Parentifizierung.
- Die Vertreibung hatte den Heimatverlust und das Aufwachsen in einer durch Sprache, Religion, Kultur unbekannten und dazu oft feindselig, zumindest aber ablehnend eingestellten Umwelt zur Folge – meist unter schlechteren sozialen/materiellen Bedingungen.
- Die insgesamt ungenügende Versorgungssituation führte zu Unterernährung, schlechten schulischen Möglichkeiten und ungenügender bis fehlender medizinischer Versorgung im Krankheitsfall.

Aufgrund dieser großen Not stand der Kampf ums Überleben so im Vordergrund, dass bei diesen Kindern als Folgen öffentlich – parallel zur Unterernährung – nur ausgeprägte Verhaltensstörungen wie Verwahrlosung, Bandenbildung, kriminelle Handlungen oder auch langfristiges Schuleschwänzen registriert wurden. Die aus zahlreichen Biografien und aus psychotherapeutischen Behandlungen bekannt gewordenen diskreten Verhaltensauffälligkeiten wie innerer Rückzug/misstrauische Abkapselung, fehlende Trauer, Schlafstörungen mit nächtlichen Angstträumen sowie Herumstrolchen und Überspielen der Situation durch »heldenhaftes« Verhalten wurden dagegen kaum wahrgenommen. So erschienen 1952 bei der einzigen umfassenden Untersuchung von Kriegskindern[27] und der darin beforschten Teilgruppe der Flüchtlingskinder[28] diese in ihrer Entwicklung unbeeinträchtigt, körperlich gesund und schulisch leistungsfähig – die abgedruckten Biografien sprechen aus heutiger Sicht allerdings für weitreichende und anhaltende psychische und soziale Schädigungen!

Angesichts des ausgeprägten Leides und der allgemeinen Not der Erwachsenen erschienen die – wenn überhaupt beobachteten – Folgen bei den Kindern und Jugendlichen im Vergleich unwichtiger. Dazu tröstete man sich mit der Annahme, dass diese vieles so nicht mitbekommen hätten, die Schrecken bald vergessen würden und dass aufgrund von hoher Anpassungsfähigkeit während der Entwicklung in der Regel keine Folgen zurückbleiben würden.

Bestimmt bestand die Chance einer weiteren ungestörten Entwicklung und Identitätsbildung. Leider standen damals für die Kinder und Jugendlichen protektive Einflüsse (vgl. Kapitel »Abwesende Väter: Fakten und Forschungsergebnisse«) nur in geringem Maße zur Verfügung. So fehlten z. B. eben andere brauchbare Männer im Alter des Vaters weitgehend. Selbst die schließlich aus Krieg oder Gefangenschaft zurückgekehrten Väter kapselten sich innerlich ab, waren oft krank oder behindert und dazu voll mit der Aufgabe der Versorgung und des Überlebens der Familie beschäftigt.

Wichtige Erfahrungen, persönliche Schwierigkeiten
Die so betroffenen Kinder und Jugendlichen, insbesondere hier die Söhne, hatten gleichzeitig wichtige Erfahrungen für ihr weiteres Leben gemacht:

- Sie hatten trotz Hunger, mangelhafter Versorgung, Unterernährung/Krankheiten und damit ohne Rücksichtnahme auf den eigenen Körper überlebt.
- Zum Überleben benötigte man vorsichtiges bis eher misstrauisches Verhalten in neuen, unbekannten und möglicherweise bedrohlichen Situationen und eine hohe Anpassung an jeweils neue Herausforderungen und Lebensumstände sowie ein Zurückstellen eigener Interessen, Wünsche oder Bedürfnisse.
- Gefühle allgemein und insbesondere Angst, Kummer, Traurigkeit, Verzweiflung waren ohne Bedeutung und insgesamt unmännlich.
- Bedingt durch das psychische Angebot – insbesondere der lange Zeit oder auf Dauer allein erziehenden Mütter – wurden diese Jungen entweder früh selbstständig, verantwortungsvoll, pflichtbewusst und damit früh erwachsen oder aber blieben umgekehrt unselbstständig, als Junge eher behütet und versorgt. Auf jeden Fall lernten sie, sich intensiv auf ihre

Mütter (und später auf weitere Frauen!) einzustellen, um sie zu verstehen und um ihnen zu helfen.

So ausgestattet – man könnte auch sagen, so vorbelastet – wurde der erste Teil des jüngeren Erwachsenenalters offenbar ohne größere Schwierigkeiten bewältigt, d. h. die Aufgaben von Ausbildung (Schulbesuch, Lehre, Fachschul- oder Hochschulbesuch) und Beginn von Partnerschaften (häufiger mit ehemaligen Kriegskindern) wurden angegangen. Dazu trugen zusätzlich entscheidend die familiären Erwartungen bezüglich Ausbildung und beruflicher Entwicklung bei. Der weitere Teil des jüngeren Erwachsenenalters (also zwischen 30 und 40 Jahren) brachte erste eindeutige Schwierigkeiten mit sich:

- Die eingegangenen Partnerschaften entsprachen auf Dauer nicht den beidseitigen Wünschen; jetzt wirkten sich die früh erlebten Bindungsschwierigkeiten und Beziehungsstörungen aus.
- Die Aufgabe, Vater zu sein und Kinder und insbesondere einen Sohn oder Söhne zu erziehen, konfrontierte diese Männer mit ihrer unsicheren psychosexuellen und psychosozialen männlichen Identität und den fehlenden bzw. ungenügenden väterlichen Erfahrungen.
- In Reaktion auf die eigene biografische Entwicklung wurde teilweise versucht, radikal mit dem Elternhaus zu brechen und entgegengesetzte Wege in Partnerbeziehung, Kindererziehung und Lebensstil zu gehen.

Das mittlere Lebensalter verdeutlichte die möglichen Folgen noch stärker – wenn sie auch in der Regel persönlich und öffentlich nicht auf die Kriegskindheit bezogen wurden:

- Die Auswirkungen der früh selbst erlebten Bindungsschwierigkeiten und Beziehungskonflikte wurden eindeutiger aufgrund sich wiederholender Konfliktmuster und Beziehungsabbrüche fassbar: Gegenüber den Kindern zeigten sich häufiger lang anhaltende Entfremdungen. Die Frauen trennten sich zunehmend mehr von den Männern, deren Erwartungen und anklammerndes Verhalten sie nicht mehr ertragen bzw. verstehen wollten. Für sie zeigten diese Männer kein ausreichend männliches Profil.

- Das erlernte pflichtbewusste, verantwortungsvolle, selbstständige und aufgrund von Familiendelegationen ehrgeizige Verhalten förderte den beruflichen Erfolg – oft jedoch zu sehr und dazu einseitig!
- Die geringe Rücksichtnahme auf den Körper – einschließlich der abgewehrten Gefühlswelt – führte als Ausdruck eines pathologischen Dauerstresses zunächst zu funktionellen Störungen und nachfolgend zu psychosomatischen Erkrankungen.
- Die Sandwich-Position zwischen der vorangehenden Elterngeneration und der nachfolgenden Kindergeneration verstärkte zunächst den Anforderungsdruck. Später entfielen dann aufgrund der hilfsbedürftig werdenden bzw. sterbenden Eltern familiäre Delegationen. Auch der Weggang der Kinder schuf neuen Freiraum. So konnte erstmals jetzt die Frage nach eigenen Bedürfnissen und Wünschen innerlich Bedeutung bekommen.

Die Folgen: immer pflichtbewusst und kompetent?

Die bekannte Notsituation und die Lebensumstände in der Schlussphase des Zweiten Weltkrieges (Sommer 1943 bis Sommer 1945) und in der direkten Nachkriegszeit (mindestens bis 1949/50) und die dadurch bewirkte frühzeitige Parentifizierung führte dazu, dass die betroffenen Kinder schnell und umfassend als kleine Erwachsene vielfältige Pflichten und Aufgaben übernehmen mussten – insbesondere als ältere oder einzige Kinder. Zu diesen Pflichten zählten Mitarbeit im (soweit noch vorhandenen) Haushalt (Kochen, Saubermachen, Heizen, Verwalten des Geldes), Aufpassen auf jüngere und/oder gleichaltrige Geschwister, »Organisieren« (von Nahrung und Brennmaterial) und vieles andere mehr. Dazu wurde erwartet, dass »man keine Schwierigkeiten machte«, »sich gut betrug« und dazu noch »gute Schulnoten mit nach Hause brachte«.

Zunächst fühlten sich die Söhne durch dieses Angebot als engste und oft auch einzige Bezugspersonen der Mutter und damit als »Männer im Haus« hoch anerkannt und bestätigt – insgesamt eine einmalige und verführerische Position. Anschließend ließen sich je nach Lebensalter bei Kriegsende, je nach allgemei-

nen Lebensumständen und erfolgter bzw. nicht erfolgter Rückkehr des Vaters unterschiedliche Entwicklungen beobachten:
- War der Vater gefallen, vermisst, an seinen Verletzungen oder Krankheiten verstorben oder hatte sich kurz nach Kriegsende von seiner Familie getrennt, so blieb dieses Beziehungsangebot der Mutter an ihren »kleinen Mann« unverändert und damit zunächst weiterhin verführerisch erhalten. Ein Teil dieser Söhne blieb lebenslang innerlich (aber auch äußerlich) eng mit ihren Müttern verbunden – entweder scheiterten deswegen immer wieder viele Partnerbeziehungen oder wurden erst gar nicht gesucht.
- Die nach langer Abwesenheit zurückgekehrten Väter – wiederum ihre Position als Ehemänner und Oberhaupt/Versorger der Familie bemüht – beendeten diese enge Mutter-Sohn-Beziehung nur zum Teil. Dies gelang, wenn sie sich wieder aktiv sowie beruflich und sozial erfolgreich in ihre Familie einbringen konnten. Häufig zogen sich dann die Söhne enttäuscht und verbittert zurück und – unterstützt durch die beginnende Pubertät – lösten sich bald und schnell von der Kindheitsfamilie ab.
- Blieb der zurückgekehrte Vater verschlossen und in sich abgekapselt, war er krank oder behindert und konnte in Konsequenz seine Familie weder ernähren noch gut versorgen, so blieb die enge Mutter-Sohn-Beziehung erhalten. Manchmal verstärkte sie sich noch aufgrund einer gemeinsamen stillschweigenden Ablehnung bis Verachtung dieses (Ehe-)Mannes und Vaters.

Diese drei Gruppen von Söhnen behielten aufgrund der auferlegten und erfolgreich absolvierten Pflichten lebenslang entsprechende Kompetenzen. Dazu zählten pflichtbewusstes, anhaltendes Funktionieren, Fähigkeit zum Organisieren und schnellem Handeln, Zurechtkommen mit »kleinem Gepäck« (d.h. mit dem, was man selbst tragen konnte und was immer griffbereit zur Verfügung stand), auch unter widrigen Umständen bei geringen eigenen Ansprüchen (an Nahrung, Wärme, Kleidung, Wohnraum etc.). Diese zentrale Erfahrung, so zurechtzukommen, teilweise auch so zu überleben in der Schlussphase des Krieges und in der direkten Nachkriegszeit, brachte viele Söhne dazu, auch weiterhin lebenslang zäh und konsequent ihre Ziele (z.B. bezüglich Beruf, Schaffung einer neuen Heimat) zu verfolgen.

Eine vierte – zahlenmäßig deutlich kleinere – Gruppe von Söhnen zeigte eine andere Entwicklung. Als einzige Kinder geboren stellten sie für ihre Mütter das einzige Hab und Gut und damit die einzige Lebensaufgabe bzw. den Lebensinhalt dar. Diese Mütter sorgten sich umfassend, teilweise wirklich gluckenhaft um ihre Söhne, d. h. sie beschützten sie gegen alle Unbilden der Welt (und später auch gegen mögliche Partnerinnen), behüteten sie und entlasteten sie von allen Anforderungen und Pflichten. Diese Söhne entwickelten sich zwar äußerlich zu erwachsenen Männern, blieben aber innerlich lebenslang beschützte, versorgte und von ihrer Mutter abhängige »große Kinder«. Eine Frau als Partnerin wurde von diesen Müttern nur akzeptiert, wenn sie sich völlig anpasste und in die symbiotische Beziehung integrierte.

Erworbene Kompetenzen
Die von den Söhnen erworbenen Kompetenzen wurden insgesamt sehr geschätzt: von ihnen selbst für ihre berufliche, sehr oft wirklich erfolgreiche Karriere, weiterhin von ihrer Kindheitsfamilie und später ihrer eigenen Familie und ebenso von der Partnerin (den Partnerinnen) – insbesondere wenn sie aufgrund ihrer Beziehung zu ihrer Mutter gelernt hatten, verständnisvoll, interessiert und hilfsbereit mit Frauen umzugehen. Allerdings konnte und durfte nicht begriffen werden, dass diese ich-synton erlebten Kompetenzen in Wirklichkeit einen pathologischen Anteil der Kindheit und Jugendzeit darstellten; sie waren durch familiäre und insbesondere mütterliche Delegation und damalige Notsituation bedingt.

Teilweise war diese Kindheit durch Kriegsende und Nachkriegszeit jäh abgebrochen, zumindest lange Zeit unterbrochen; ein Teil der Kinder erlebte offenbar überhaupt keine Kindheit bzw. Pubertät mehr in dem uns heute vertrauten Sinne.

Erst im mittleren Erwachsenenalter (d.h. zwischen dem 45. und 60. Lebensjahr) oder sogar erst in der Alternsphase (ab dem 60. Lebensjahr) wurde einer zunehmenden Anzahl der so aufgewachsenen Männer die Bedrohlichkeit bzw. Unheimlichkeit dieses Funktionierens bewusster. Die erfolgreiche berufliche

Karriere erbrachte zunehmend geringere Befriedigung, die früheren (zu Partnerinnen, Kindern und Freunden/Freundinnen) und auch erneuten Beziehungen konnten nicht befriedigend und dazu langfristig gestaltet werden; eigene (insbesondere regressive) Wünsche und Bedürfnisse blieben unbekannt. Der Körper verweigerte zunehmend mehr »seinen Dienst«, d. h. er funktionierte nicht mehr so wie bisher verlangt.

Die erworbenen Kompetenzen könnten genutzt werden, die sich stellenden Entwicklungsaufgaben des eigenen Alterns bewusst und systematisch anzugehen (vgl. Kapitel »Wie werden sie altern?«). Vermutlich und leider werden sie von einem großen Teil dieser Männer wohl nur dazu benutzt, weiterhin gut zu funktionieren – wenn nicht mehr beruflich, dann ehrenamtlich!

Vaterlose Söhne
in einer »vaterlosen Gesellschaft«

Jürgen Reulecke

Einige zunächst – pardon – recht abstrakte Vorbemerkungen vorweg: Man kann ja die deutsche Geschichte des 20. Jahrhunderts aus vielen Blickwinkeln schreiben und hat es auch bereits in vielfältiger Weise getan: ereignisgeschichtlich als Jahrhundert der Weltkriege, erschütternden Katastrophen und grauenhaften Vernichtungen; wirtschafts- und sozialgeschichtlich mit Schwerpunktsetzung auf die massiven ökonomisch-technisch-gesellschaftsstrukturellen Wandlungsprozesse; politik- und verfassungsgeschichtlich unter dem Gesichtspunkt der folgenreichen Umbrüche zwischen vier bzw. fünf krass unterschiedlichen politischen Systemen usw. Auch Biografien einzelner Akteure – ebenso wie Autobiografien – gibt es inzwischen in ständig wachsender Zahl.

Doch angesichts dieser Bücherflut ist eines erstaunlich: Es gibt keine umfassende Kulturgeschichte etwa im Sinne einer »psychohistorisch« fundierten Mentalitätsgeschichte, die versucht, so etwas wie eine Summe aus den vielen von den Menschen des 20. Jahrhunderts erlebten und gestalteten Einzelgeschichten vom späten Kaiserreich bis in die jüngste Zeit zu ziehen und sie, d.h. die Angehörigen der Generation unserer Großeltern, unserer Eltern und unserer eigenen Altersgenossen als historische Wesen mit ständig neuen offenen Horizonten zu begreifen. Schließlich ist ja durch deren Lebenslauf im 20. Jahrhundert die allgemeine Geschichte in individueller und immer auch kollektiver Weise hindurchgeflossen: Sie waren und sind auf je eigene Weise gleichzeitig sowohl Zeitzeugen und passiv Betroffene als auch in ihrer Lebenswelt und Lebensspanne handelnde Akteure – dies nach dem auf Karl Marx zurückgehenden Motto: »Die Menschen machen ihre Geschichte nicht aus freien Stücken, aber sie machen sie selbst.«

Eine neuere Kulturgeschichte hat nun seit einigen Jahren damit begonnen, auf dem Weg z. B. über einen generations- und auch geschlechtergeschichtlichen Zugriff »Erfahrung« als Schlüsselbegriff und damit die Subjektivität der Wahrnehmungen und des Zeitverstehens durch die Menschen in ihrer jeweiligen Zeit ernst zu nehmen. Deren bewusstes oder auch unbewusstes Eingespanntsein in die ihnen vermittelten Vergangenheitsbezüge und Traditionen *und* deren durch eigene Erfahrung (nicht zuletzt auch durch die Erfahrung des Scheiterns oder Versagens) gewonnenen Weltsichten und Deutungskriterien im Kontext ihrer Zeitgenossenschaft mit Menschen ähnlicher und anderer Erfahrungen bestimmen letztlich jene vielen »Geschichten«, von denen oben die Rede war.

Und noch etwas gilt es zu bedenken: Wer sich in dieser Weise der Geschichte des 20. Jahrhunderts nähert, wird hautnah mit einer Tatsache konfrontiert, die viele Historiker, die in herkömmlicher Weise Geschichte schreiben, meist nicht berücksichtigen bzw. reflektieren: dass sie selbst historische Wesen sind und der Blick auf die eigene Lebensgeschichte und das Umgehen mit der eigenen Lebenserfahrung in ganz erheblicher Weise die Möglichkeiten wie Grenzen mitbestimmen, als Nachgeborener die Lebensgeschichten von Menschen der Vergangenheit nachzuvollziehen, zu verstehen, sie historisch einzuordnen und zu beurteilen.

Vom autoritären Vaterbild zu Diagnosen von der »vaterlosen Gesellschaft«

Das beginnende 20. Jahrhundert ist um 1900 enthusiastisch als »Jahrhundert des Kindes« oder auch als »Jahrhundert der Jugend« begrüßt worden: Dass es ein Jahrhundert werden sollte, das stattdessen über viele Jahrzehnte von martialischer Männlichkeit bestimmt wurde und mehrere Kinder- und Jugendgenerationen mit schweren seelischen Belastungen und psychischen Verletzungen auf ihren Lebensweg schickte, ahnte keiner der damaligen fortschrittsoptimistischen Propagandisten eines »neuen Menschen«. Sie glaubten noch, durch die neuen naturwissenschaftlich-medizinischen Erkenntnisse, durch Lebensreform und

Reformpädagogik, zum Teil auch bereits durch Sozial- und Rassenhygiene einen Nachwuchs heranziehen zu können, der – so die schwedische Pädagogin Ellen Key – in einer künftig besseren Welt dem »Kampf ums Dasein edlere Formen zu verleihen«[29] imstande sei.

Doch die mentalitätsgeschichtlichen Weichenstellungen wiesen trotz solcher idealistischen Hoffnungen in andere Richtungen, die erheblich wirksamer waren: Die in den Jahren vor dem Ersten Weltkrieg heranwachsenden Jungen wurden mit Männlichkeitsvorstellungen aufgezogen, die in erster Linie von militärisch-soldatischen Tugenden, von Härte, männlicher Kraft und Ehre sowie männlichem Stolz bestimmt waren. Wie die deutsche Eiche sollte er in den Stürmen der Zeit »seinen Mann« stehen! In einem *Ratgeber für den guten Ton* aus dem Jahre 1910 heißt es zum Beispiel: Der wahre deutsche Mann breche »lieber über die Welt den Hals, als er von ihr den auf richtiger Überzeugung gewurzelten Kopf sich brechen ließe. Der Mann (müsse) Schierling trinken und in Lava baden können, wenn es (gelte), um für andere und für's Gute zu handeln und zu leiden.«[30] Dieses Gute war selbstverständlich in erster Linie die Nation und das deutsche Vaterland. Wenn ein solcher deutscher Mann selbst Vater war, dann sollte er – so der zitierte »Ratgeber« – entsprechend streng und unnachsichtig, d. h. »mit seiner ganzen Autorität«[31] auch seine Söhne erziehen.

Vaterbild und Vaterideal vor und nach dem Ersten Weltkrieg
Doch dieses Erziehungsideal geriet bereits vor 1914 ins Wanken; jüngere Zeitkritiker bemerkten schon damals, dass sich zwischen dem autoritären Vatergehabe und den Ansprüchen ihrer Söhne eine immer größer werdende Kluft aufzutun begann: Immer mehr Söhne von Vätern aus der Generation der so genannten »Wilhelminer« (geboren in den 1850er und frühen 1860er Jahren) begannen Auswege aus dem rigiden Vater-Sohn-Schema zu suchen, distanzierten sich und probten Alternativen, wenn sie nicht resignierten oder gar unter dem autoritären Druck des Elternhauses und der Schule zerbrachen. Viele literarische Zeugnisse wie der berühmte *Brief an den Vater* von Franz Kafka (1919) bis hin zu Vatermordphantasien liefern Beispiele für die zum Teil höchst zugespitzte, erdrückende Situation. Dann

allerdings überdeckten die Ereignisse und jungmännlichen Erfahrungen in den »Stahlgewittern« des Ersten Weltkriegs für einige Zeit, d. h. bis zum deprimierenden Zusammenbruch im November 1918, die Vater-Sohn-Probleme der spätwilhelminischen Zeit.

Die Kriegsniederlage, die Revolution von 1918/19, der als »Schmachfriede« empfundene Friedensschluss von Versailles und die Gründung der Republik stellten dann jedoch – und von nun an in mehreren Wellen das gesamte 20. Jahrhundert hindurch – die Rolle der Väter in zum Teil höchst aggressiver Weise auf den Prüfstand. Ein Vorwurf lautete, das schuldhafte Versagen und die Charakterlosigkeit der Väter seien der Grund für die deutsche Katastrophe von 1918/19 gewesen. Und parallel, aber mit anderer Stoßrichtung prägte der Wiener Freud-Schüler Paul Federn (1871–1950) erstmals im Mai 1919 das Stichwort von der »vaterlosen Gesellschaft«: Der Sturz des bisher verehrungswürdigen Vaterbildes habe die Menschen zu Vaterlosen gemacht und werde sie zu Vatergegnern machen, die sich in Streiks und Straßenkampf aufrieben, weil »kein Vater mehr die Seelen der Söhne zu friedlicher Arbeit vereint.«[32] Allerdings – so prophezeite Federn – warteten diese desorientierten Söhne nur darauf, dass sich eine geeignete Persönlichkeit findet, die ihrem Vaterideal entspreche, um sich ihr bedingungslos anzuschließen.

Vaterbild und Vaterideal vor und nach dem Zweiten Weltkrieg
Die Rede davon, die Väter hätten durch ihr Versagen das Erbe und damit die Zukunft ihrer Söhne verspielt, durchzog als öffentlichkeitswirksamer Globalvorwurf die Weimarer Republik, richtete sich zugleich auch gegen die Regierungen und die bürgerlichen Parteiführer und mündete 1927 in die demagogische Forderung eines Gregor Strasser (1892–1934): »Macht Platz, ihr Alten (…), ihr Ehrlosen und Gemeinen, ihr Verräter und Feiglinge!«[33] Kurze Zeit später überspitzte Peter Suhrkamp (1891–1959) die radikale Zeitdiagnose noch mit seinem Satz: »Der Vater ist tot!«[34] Er meinte damit, dass das »System von Weimar« den nachwachsenden Generationen letztlich keine überzeugenden »Väter, Lehrer und Meister« mehr bereitgestellt

habe, die junge Generation also einem von den Vätern verschuldeten Chaos »preisgegeben« und nun zu einem »mit Jammer, Hass und Wut und edler Empörung geladene(n) Material« geworden sei.

Die schon in den frühen 1920er Jahren formulierte Sehnsucht nach einer »Führerjugend«, die sich bis zum eigenen Opfer treu einem großen Führer anschließen und so aus dem Gefühl der Orientierungs- und Zukunftslosigkeit erlöst werden würde, haben ja dann die Nationalsozialisten demagogisch geschickt zumindest zeitweise auf Hitler zu projizieren verstanden. Da eine vaterlose Jugend, so hieß es 1934, immer zugleich eine staatenlose sei, musste den entwurzelten Söhnen also, wenn schon die eigenen Väter keine wirklichen Väter mehr waren, sondern aus dem Krieg zurückgekommene »Zerbrochene, Wehleidige, Klagende oder Erstarrte«[35], vom NS-Regime ein Übervater in der Gestalt des »Führers« angeboten werden.

Die »vaterlose Gesellschaft« in den sechziger Jahren
Im so genannten Dritten Reich und auch noch bis in die frühen 1960er Jahre hinein verstummte dann das pauschalisierende Argumentieren mit einer angeblich »vaterlosen Gesellschaft«, obwohl immer wieder einmal Andeutungen in dieser Richtung gemacht wurden. So war z. B. 1958 in der evangelischen Schülerzeitschrift *Jungenwacht* unter der Überschrift »Vater – unser ärmstes Stück?« zu lesen, die heutigen Väter hätten es nach den deprimierenden Erfahrungen mit der NS-Zeit, mit Krieg, Gefangenschaft und Nachkriegsnot »schwer, Autorität zu sein.«[36] Sie seien müde und nervös, und da sie nicht mehr viel an Lebensmut ausstrahlten, könnten sie ihren Kindern oft auch keinen verlässlichen Weg mehr zeigen und keine gültigen Antworten mehr geben. Anlass für dieses deprimierende Väterbild mögen die 1957/58 die Öffentlichkeit stark aufrüttelnden so genannten »Halbstarkenkrawalle« gewesen sein.

Schlagartig war der Slogan von der »vaterlosen Gesellschaft« jedoch wieder auf dem Markt der gesellschaftlichen Deutungen präsent, als 1963 Alexander Mitscherlich seine »Ideen zur Sozialpsychologie« unter dem Titel *Auf dem Weg zur vaterlosen Gesellschaft* veröffentlichte. Mitscherlich behandelte in seinem Bestseller allerdings ausdrücklich nicht die konkrete Vaterlosigkeit konkreter Söhne, sondern einen seiner Meinung nach rasant voranschreitenden gesellschaftlichen Prozess, mit dem »die paternitäre Gesellschaftsordnung sich selbst in eine kritische Lage manövriert« habe.[37] Die »unterweisende Funktion des Vaters« verschwinde ebenso wie das »Arbeitsbild des Vaters« immer mehr; Folgen seien eine »Verwerfung des Vaters«, seien Entfremdung und deren seelische Entsprechungen: Angst und Aggressivität. Speziell bei den männlichen Jugendlichen führe dies zu einem psychopathologisch schweren und langen Verlauf der Adoleszenzkrise, zu dauerhafter Unsicherheit und im Extremfall zu einem gewalttätigen Schmarotzertum, nur den Trieben gehorchend und ohne Sozialbindung. Auf solche Weise verkümmere – und hier mündet Mitscherlichs Vaterlosigkeitsdiagnose in ein umfassendes Negativpanorama der modernen Massenzivilisation und massenmedial gelenkten Gesellschaft – »die Fähigkeit zu einem differenzierteren intellektuellen und emotionalen Kontakt, zur Entfaltung einer zärtlichen und angeregten Atmosphäre.«[38]

Dass wenige Jahre später die antiautoritäre Studentenbewegung mit ihrem Slogan »Trau keinem über 30!« sowie ein paralleler aggressiver Feminismus, der Männer als permanente Triebtäter und Väter als nur noch biologische Notwendigkeit, sonst aber bei der Kindererziehung als überflüssige, sogar schädliche Wesen verstand, eine »vaterlose Gesellschaft« geradezu als positive Zukunftsvision herbeireden wollten, muss hier nicht weiter erläutert werden. Odo Marquard (geb. 1928) hat die Aufbruchbewegungen der 68er-Zeit treffend als »nachträglichen Ungehorsam« charakterisiert: Die zwischen 1933 und 1945 »ausgebliebene Revolte gegen den Diktator (den Vater der vaterlosen Gesellschaft)« sei jetzt »stellvertretend nachgeholt (worden) durch den Aufstand gegen das, was nach 1945 an die Stelle der Diktatur getreten war.«[39]

Die »vaterlose Gesellschaft« in den neunziger Jahren
Jedenfalls führten in den folgenden Jahrzehnten bis in die 1990er Jahre hinein die von diesen krassen Väterbildern der Studentenbewegung ausgehenden Provokationen und die erheblichen Wandlungen in den bundesrepublikanischen Familienstrukturen (Trend zur Einkindfamilie, Zunahme der Scheidungen und

der allein Erziehenden) zu einer allmählichen Neubesinnung
über die gesellschaftliche und psychische Bedeutung des Vaters,
die schließlich im Laufe der letzten rund zehn Jahre geradezu in
eine Veröffentlichungsflut zum aktuellen Männerbild ebenso
wie zur Rolle und Aufgabe von Vätern einmündete.

Dazu gehörte dann 1998 auch ein Buch, das wieder den
traditionsreichen Titel *Die vaterlose Gesellschaft* trägt und
»überfällige Anmerkungen zum Geschlechterkampf« zu liefern
versprach. Dem Autor, Matthias Matussek, ging es – so der
Klappentext – in seinem »leidenschaftlichen Essay« um eine
»Katastrophenbilanz der vaterlosen Gesellschaft«,[40] d. h. um
eine Anklage der vor allem die geschiedenen Frauen mit Kindern angeblich gegenüber den Vätern inzwischen krass begünstigenden Sozialstaatspolitik und des allenthalben frauenfreundlichen PC (= political correctness): Mit dreißig Jahren männlicher
»Schuldzerknirschung und weiblichem Lobbyismus« – so lautet ein Appell dieser Streitschrift – müsse nun ebenso Schluss
gemacht werden wie mit dem »Kult um die so genannte allein
Erziehende«, um z. B. auch den geschiedenen Vätern die gleichberechtigte Möglichkeit zu erhalten, Vater ihres Kindes/ihrer
Kinder zu bleiben.[41] Doch dieses Buch von Matussek markiert
gewissermaßen nur eine Extremposition in jener auf Männer
bezogenen Publikationsflut und auch in der nun über acht Jahrzehnte andauernden bzw. in dieser Zeitspanne mehrfach – mit
jeweils unterschiedlicher Stoßrichtung – auftretenden Pauschalargumentation unter dem Schlagwort von der »vaterlosen Gesellschaft«.

Die Frage allerdings nach den erfahrungsgeschichtlichen Dimensionen von Vaterlosigkeit im Leben konkreter Kinder,
insbesondere der zweimal im 20. Jahrhundert massenhaft produzierten Vaterlosigkeit von Söhnen der an den Fronten der
beiden Kriege, im Bombenhagel oder in Gefangenschaft umgekommenen jungen Männer, spielt in den genannten Schriften
keine oder allenfalls nur eine marginale Rolle.

Vaterlosigkeit nach den beiden Weltkriegen

Jede Einzelbiografie ist selbstverständlich unverwechselbar, doch hat die Auseinandersetzung mit den Begriffen »Generation« und »Generationalität« in den letzten Jahren deutlich gemacht, dass es allgemeine historische Verhältnisse gibt, die vor allem die von krassen historischen »Zumutungen« betroffenen Kinder und Jugendlichen ihr Leben lang zu prägen vermögen, so dass sie zu so etwas wie altersspezifischen Erinnerungsgemeinschaften werden. Die Erlebnisse der Kriegsjugend an der »Heimatfront« im Ersten Weltkrieg einschließlich der Nachkriegskrisenjahre, der »Trümmerjugend« im und nach dem Zweiten Weltkrieg haben besonders dann in der Psyche und zum Teil auch – wie wir heute wissen – in der Körperlichkeit der Betroffenen tiefe Spuren hinterlassen, wenn extreme Erlebnisse, schreckliche Bilder und gravierende Verluste von nächsten Angehörigen zu verarbeiten waren – ohne dass solche Fernwirkungen dem Einzelnen bewusst sein müssen! Zu den einen Lebenslauf bestimmenden Belastungen solcher Art gehört auch die kriegsbedingte Vaterlosigkeit, die oft die Art und Weise des Heranwachsens der Söhne (und selbstverständlich in spezifischer Weise auch der Töchter) entscheidend beeinflusst hat. Gewissermaßen potenzierte sich bei diesen Jungen die oben beschriebene Erfahrung allgemein gesellschaftlicher Abwesenheit von Vätern, die Richtungen und Ziele anbieten und Männlichkeit vorleben konnten, durch die alltägliche, ganz konkret zu bewältigende Vaterlosigkeit.

Wie ist diese spezielle, insbesondere psychische Kriegsfolge in den beiden Nachkriegsgesellschaften wahrgenommen worden? Welche Konsequenzen hatte diese Erblast zunächst des Ersten Weltkriegs, die dann infolge des Zweiten Weltkriegs drei Jahrzehnte später erneut zur Bewältigung anstand, nicht nur für die Millionen Betroffenen und deren Lebensweg, sondern auch für die Gesellschaft als Ganzes? In vielen Fällen war ja die Generationenkonstellation sogar folgendermaßen: Söhne von gefallenen Männern des Ersten Weltkriegs waren es, die ihre Kinder ebenfalls zu Vaterlosen werden ließen, weil sie dann an den Fronten und im Bombenhagel des nächsten Krieges umkamen. Zweimal also im 20. Jahrhundert überließ eine Männergeneration die Erziehung ihrer Kinder meist noch recht jungen Müttern, die ebenfalls häufig ohne sichere Vater- und konkrete Männlichkeitsbilder aufgewachsen waren. Und woher erhielten speziell die Jungen ihre Vorstellungen von dem, was es bedeutete, Mann zu werden und zu sein?

Auseinandersetzung mit Vaterlosigkeit
nach dem Ersten Weltkrieg
Es mag etwas überraschend sein: In den 1920er Jahren hat man sich solche Fragen durchaus gestellt, nach dem Zweiten Weltkrieg dagegen kaum! Der Hintergrund für diesen Unterschied ist wohl darin zu suchen, dass nach den Erfahrungen mit den revolutionären Ereignissen und Straßenkämpfen um 1919/20 vor allem die vaterlosen Jungen in der Gefahr schienen zu verwahrlosen, also ein brisanter Sprengstoff in der Gesellschaft oder gar eine mit schweren psychischen Schädigungen behaftete Gruppe zu werden. Eine weitere Befürchtung im Rahmen dieses Gefahrenszenarios lautete zudem, eine reine Müttererziehung werde möglicherweise zu unmännlicher Verweichlichung der Söhne und zu unnationalen Gesinnungen führen.

Eine 1925 in Württemberg durchgeführte, breit angelegte Untersuchung brachte dann zutage, dass – wenn nicht eine stärkere Miterziehung durch männliche Verwandte erfolgte und die Mutter bereits eine starke Persönlichkeit war – die Erziehung der Söhne durch Unsicherheit, Ängstlichkeit, Inkonsequenz und Unstetigkeit geprägt sei: Die Mütter hingen zwar mit sorgender Liebe an den Söhnen und versuchten auch intensiv, deren Lage zu verbessern, überließen sie aber häufig aus Hilflosigkeit oder Zeitmangel sich selbst, da sie sich »in spezifisch knabenhafte Betätigungsweisen« nicht hineindenken könnten.[42] Deshalb seien sie froh, wenn sich männliche Vorbilder wie z. B. Lehrer fänden, die dem Sohn männliche Verhaltensweisen vorlebten. Etwa ein Drittel der Söhne nutzten, so ein Ergebnis der Studie, diese Situation allerdings aus, entwickelten sich zu kleinen Tyrannen und zu zucht- und respektlosen Egoisten sowohl der Mutter gegenüber als auch in der Schule und gegenüber ihren Spielkameraden. Über die Hälfte aller vaterlosen Söhne, so stellten die Forscher aber andererseits fest, seien dagegen einem eher »kontemplativen« Typus zuzuordnen: Sie hätten zunächst eine sehr enge Mutterbeziehung, hälfen der Mutter im Haushalt (was zu »femininen Strukturen« führe), seien sehr bildungswillig, läsen viel, legten Sammlungen an und beschäftigten sich insgesamt viel mit sich selbst, was jedoch wiederum die Gefahr mit sich bringe, die Schule nicht ernst zu nehmen. In der Pubertätszeit suchten sie dann häufig Anschluss an männliche Ältere, »geleitet von dem Bedürfnis, der durch das Fehlen des Vaters entstandenen Vernachlässigung der geistigen Interessen Einhalt zu tun«[43]. Dies führe zum Leidwesen der Mütter immer wieder zu einer gewissen Entfremdung. Diese hätten den im Krieg gefallenen Vater oft als Heldenvater idealisiert, verbunden mit der Vorstellung bestimmter männlicher Tugenden wie Zuverlässigkeit, Pflichtbewusstsein, »Haltung«, Entschlossenheit, Wille zu ernster Arbeit, Ausdauer u. ä. Da ein konkreter Vater jedoch von den Söhnen nicht an diesen Tugenden gemessen werden konnte, seien sie bei diesen besonders hoch im Kurs und würden erheblich mehr angestrebt, als es wohl im alltäglichen Zusammenleben mit einem Vater der Fall gewesen wäre.

*Auseinandersetzung mit Vaterlosigkeit
nach dem Zweiten Weltkrieg*
Schon eine solch knappe Vorstellung von einigen wenigen, aus einem breiten und differenzierten Spektrum von Einzelergebnissen herausgegriffenen Befunden aus den 1920er Jahren regt zur Frage an, ob nicht vielleicht Ähnliches auch auf viele vaterlose Söhne nach dem Zweiten Weltkrieg zugetroffen haben könnte. Solche Details sind in den 1950er Jahren allerdings nirgendwo erörtert worden; auch lassen sich keine Befürchtungen über Fehlentwicklungen speziell der Kriegswaisen nachweisen, und einschlägige Vergleiche mit der Situation nach dem Ersten Weltkrieg hat offenbar niemand unternommen. Selbstverständlich wurde die Tatsache, dass etwa jedes fünfte Kind vaterlos aufwuchs und in vielen Familien der Vater erst spät aus der Kriegsgefangenschaft zurückkehrte, reflektiert, doch dominierte das Loblied auf die heldenhaften Leistungen der Kriegswitwen und die Fähigkeit der betroffenen Kinder, den Verlust zu überwinden. Voll Erstaunen registrierte man z. B., dass jene Kriegskinder, die Bombenhagel, Flucht und Vertreibung sowie oft auch Vaterlosigkeit zu verarbeiten hatten, in ihrer psychi-

schen, schulischen wie auch körperlichen Entwicklung im Vergleich zu den weniger belasteten Kindern keine signifikanten Unterschiede aufwiesen.

Am weitesten gingen wohl die Diskussionsbeiträge bei einer 1954 von der Evangelischen Akademie von Kurhessen-Waldeck in Hofgeismar durchgeführten Tagung zum Thema »Die Familie ohne Vater«: Der im Krieg gebliebene Vater sei nicht zu ersetzen, hieß es dort, sein Verlust sei eine »unheilbare Wunde«. Doch auch der Unersetzliche werde letztlich ersetzt: Die Mutter trete »in wunderbarem Opfergang an die Stelle« des Vaters, auch wenn dieser immer »geheimnisvoll gegenwärtig« bleibe.[44] Allerdings unterblieb der Versuch, auch nach den psychischen Folgen bei den vaterlosen Kindern zu fragen. Zwar wurde die berechtigte Frage gestellt: »Aber welche Kraft ist nötig, ohne den Vater ein ganzes Leben zu leben?«, und es ist von »Selbstüberwindung« und »Überforderung« die Rede sowie davon, wie die »Frauen und Kinder zu ihrem Recht« kommen könnten, doch lief die Tagung offenbar ausschließlich darauf hinaus, Fürsorgern und Seelsorgern Ratschläge zu geben, wie sie die Kriegswitwen beraten könnten. Über deren Kinder – und erst recht die vaterlosen Jungen mit ihren Problemen – wurde nur in ganz allgemeiner Form nachgedacht.

Und bei den ab ca. 1950 entstehenden vielen sozialwissenschaftlichen Familien- und Jugendstudien ging es im Wesentlichen um die Festigung bzw. Wiederbegründung und Unterstützung der Vollfamilie.

Kriegs- und Nachkriegserfahrungen der Jungen
Selbstverständlich waren die äußeren Bedingungen des Aufwachsens von Kindern und Jugendlichen trotz der allgemeinen Katastrophensituation der Nachkriegszeit in Deutschland sehr unterschiedlich – je nachdem ob man z. B. in einem vom Krieg kaum oder gar nicht berührten Ort auf dem Land oder in einer ausgebombten Stadt lebte, ob man in einem vertrauten Umfeld mit vielen Verwandten wohnte oder als Heimatvertriebener bzw. Evakuierter in eine völlig fremde Umgebung verschlagen worden war, ob die Wohnungsverhältnisse und sonstigen Lebensbedingungen passabel oder von krasser Not und Entbehrung bestimmt waren usw. Entsprechend unterschiedlich waren auch

die frühkindlichen Erfahrungen und die Erinnerungsbestände der Heranwachsenden. Viele von ihnen verfügten aber über die Erinnerung an einzelne schreckliche Kriegsszenen, an die Bombennächte in Kellern und Bunkern, an die Flucht, an das angstvolle Vegetieren in zerbombten Städten und zerstörten Häusern. Hinzu kam das bedrückende Miterleben der Sorgen und Nöte der nächsten Angehörigen, vor allem der Mütter und der Großeltern.

Doch dieser Erinnerungsbestand vermischte sich dann mit den Erlebnissen nach Kriegsende, den Erlebnissen z. B. bei der Begegnung mit den ersten alliierten Soldaten, bei den abenteuerlichen Spielen in den Trümmerlandschaften oder, wenn man schon etwas älter war, bei den Hamsterfahrten und auf dem Schwarzmarkt. Weil die Mütter sich um das simple Überleben kümmern mussten, bestanden große Freiräume für ihre Kinder; Kinderbanden bildeten sich, zogen durch die Städte und waren darauf aus, Nahrungsmittel oder tauschbare Wertgegenstände zu ergattern. Wer auf dem Land lebte, musste als Kind Waldbeeren und Bucheckern sammeln, auf den abgeernteten Feldern »stoppeln«, d. h. restliche Ähren aufsammeln sowie auf den Kartoffelfeldern nach Kartoffelkäfern suchen. Auch der Wiederbeginn des Schulunterrichts, von oft recht alten autoritären Lehrern erteilt, die Schulspeisung, das Eintreffen von Care-Paketen und das Zurückkommen einzelner Väter von Spielkameraden in der Nachbarschaft gehören ebenso zu den Erinnerungen wie durchlittene Krankheiten wie Tuberkulose, Krätze, Furunkel und Bandwurmbefall.

Suche nach männlichen Vorbildern
Vieles von dem Genannten haben alle Kinder und Jugendliche damals in irgendeiner Weise miterlebt, doch bestand der Unterschied der Erfahrungen der Vaterlosen zu denen der anderen Gleichaltrigen darin, dass alle die alltäglichen Krisenbewältigungsstrategien (fast) ohne männliche Hilfe angegangen wurden, d. h. sich in einem weitestgehend weiblich dominierten Zusammenhang abspielten und die Kinder hier besonders früh mithelfen und verantwortlich agieren mussten. Das Männerbild war auf der einen Seite bestimmt von alten, oft kranken oder deprimierten Männern, von Großvätern und Großonkeln

sowie von alten Lehrern und Pastoren, zudem von aus dem Krieg zurückgekommenen Kriegsinvaliden, auf der anderen Seite dann von den jungen alliierten Soldaten, die lässig im Jeep oder mit einer Zigarette im Mund auf einem Panzer sitzend durch die Straßen fuhren und gelegentlich den Kindern Schokolade oder Kaugummi schenkten.

Da also in den Nachkriegsjahren konkrete männliche Vorbilder im Nahraum rar waren, konnten sich zunächst einmal vor allem die lesehungrigen unter den vaterlosen Söhnen entsprechende Vorbilder nur aus der Literatur zu beschaffen versuchen. Neuere Jugendbücher, die aktuelle Probleme aufgriffen, fehlten allerdings noch für eine ganze Reihe von Jahren. Deshalb musste auf das Angebot zurückgegriffen werden, welches in den Bücherschränken der eigenen Familie oder bei Nachbarn den Krieg überlebt hatte. Dazu gehörten dann zwar auch solche traditionsreichen Kinderbücher wie z. B. Johanna Spyris *Heidi* und die Jugendbücher von Erich Kästner, doch faszinierten die heranwachsenden Jungen offenbar besonders jene Abenteuerromane, in denen es um Bewährung, um Tapferkeit und männliche Größe ging. NS-Jugendliteratur im engeren Sinn, wie der Jungenroman *Hitlerjunge Quex*, waren zwar aus dem Verkehr gezogen worden, doch nisteten sich auf diese Weise die heldischen Männlichkeitsvorstellungen des späten Kaiserreichs und der Weimarer Republik einschließlich der in der Phantasie trefflich ausschmückbaren Handlungsräume heldenhaften Männerwirkens in den Köpfen vor allem der damals heranwachsenden vaterlosen Jungen ein – eine Staffelstabweitergabe ganz besonderer Art also!

Überzeugende Vaterfiguren kamen in diesen Erzählungen allerdings fast gar nicht vor; es dominierten jungmännliche Bewährungen in Leistung und Kampf sowie die Kameradschaft in verschworenen Jungmännerbünden. Dies konnte wie bei dem Freundespaar Old Shatterhand/Winnetou in den Karl-May-Romanen oder bei Rolf Torring und dem Ich-Erzähler Hans Warren-Holm in den damals als Schundliteratur verteufelten *Rolf-Torring*-Heften bis hin zu versteckter mannmännlicher Erotik gehen. Nur ein Beispiel für die breite Präsentation vorbildlicher Männlichkeit, wie sie etwa durch die in unzerstörten Bücherregalen häufig noch vorfindbaren Bände der Jungenbuchserie *Durch die weite Welt* bis in die frühe Nachkriegszeit vermittelt wurden: Es finden sich darin diverse männliche Heldengeschichten aus aller Welt, darunter auch solche aus den ehemaligen deutschen Kolonien, Berichte über technische Großtaten einzelner Erfinder und über großartige Erfolge bei Autorennen, zudem Siegergeschichten von der Olympiade 1936, Erzählungen über heroische Bewährungen im Ersten Weltkrieg, vieles über die Abenteuer mutiger Flieger und schließlich auch über Pläne zur Eroberung des Weltraums sowie mittendrin ein Artikel mit dem Titel *Seid stark, werdet Männer!*, in dem es um Krafttraining für Jungen geht.[45]

Dass auch die Ende der 1940er Jahre zahlreich in die Kinos kommenden, von Amerika importierten Cowboy- und Indianerfilme sowie die Serie der *Tarzan*-Filme heldische Männerbilder transportierten, braucht hier ebenso nicht weiter ausgeführt zu werden wie die Tatsache, dass damals die von den Erziehern mit großem Argwohn beobachtete so genannte Heftchenliteratur (neben den *Rolf-Torring*-Heften z. B. auch *Billy Jenkins*, *Pete*, *Tom Prox* u. a.) ebenfalls in trivialer Weise entsprechende Vorstellungen darüber, was männliche »Tugenden« waren, verbreitete. Auch in all diesen Produkten ging es nirgendwo um Väter, umso mehr aber um männlich-mutiges Handeln in einer weitgehend frauenfreien und exotischen Welt der Abenteuer.

Parallel zu all diesem kam eine Fülle von mehr oder weniger geschickt gemachten Jugendzeitschriften auf den Markt. Sie wollten durchweg Orientierungen für eine »suchende Jugend« liefern, dabei auch Vorstellungen vom richtigen Mann-Sein verbreiten und »gute« jugendliche Verhaltensweisen vorstellen. Oft knüpften sie dabei an 1933 durch das NS-Regime unterdrückte oder von diesem nur in pervertierter Form übernommene Traditionsstränge wieder an. Vor allem die großen konfessionellen Jugendverbände griffen auf das Repertoire jugendbewegter Stilformen zurück, allerdings unter Weglassung der militärisch-disziplinierenden Elemente und unter stärkerer Betonung der eher spielerischen und romantisierenden Züge des bündischen Gruppen- und Fahrtenstils: Zeltlager und Fahrt, Banner und Wimpel, Fahrtenlieder und Lagerfeuerromantik, »Waldläuferkünste« und Lagerzirkus, Singabende und Erzählrunden bei Kerzenschein galten als so unpolitisch, jugendgemäß und unbelastet, dass sie im Gemeinschaftsleben vor allem der männlichen Jugend ganz selbstverständlich übernommen werden konnten. Als äußeres Symbol jugendlich-jungenhafter Abgrenzung setzte sich damals übrigens ein bestimmtes Kleidungsstück durch, nämlich die Lederhose, die erst im Laufe der 1950er Jahre durch die so genannte »Nietenhose« abgelöst wurde.

Das Wiederaufgreifen der Stilformen der bürgerlichen Jugendbewegung der Wandervögel und Bündischen lässt sich sowohl in den Publikationen der großen Jugendverbände als auch denjenigen der zahlenmäßig zwar kleinen, aber recht vielfältigen und lebendigen Szene der immer noch »bündisch« orientierten Gruppierungen im Spektrum zwischen den autonomen Jungenschaften und dem freien Pfadfindertum nachweisen. Gerade die ab 1946 wieder auflebende Vielfalt von Jugendbünden und Jugendverbänden mit ihren von einem meist nur wenige Jahre älteren »Führer« geleiteten Gruppen vor Ort bot insbesondere den vaterlosen Jungen eine emotionale Heimat, wo sie intensiv männlich-kameradschaftliche Verhaltensweisen kennen lernen konnten. Die oberen Leitungspersonen der großen Verbände stammten zwar aus den Geburtsjahrgängen um 1920 oder noch älteren Jahrgängen, doch wurde die eigentliche »Gruppenarbeit« meist von jungen Männern geleistet, die im Dritten Reich noch im Jungvolk Erfahrungen gesammelt hatten.

Ohne es im einzelnen beweisen zu können, hat es den Anschein, als ob unter den Jungen vor allem in den freien bündischen Gruppen vaterlose Söhne überdurchschnittlich zahlreich vertreten gewesen wären. Viele dieser Jungen, aufgewachsen unter den ärmlichen Verhältnissen der Nachkriegsjahre, erhielten jedenfalls einerseits durch das motivierende und Phantasie beflügelnde Gruppenleben, andererseits durch die Anregungen aus den Jugendzeitschriften vielerlei Impulse, die Grenzen ihrer sozialen Herkunft zu überschreiten und die Aufstiegschancen der Wirtschaftswunderzeit der 1950er Jahre ebenso zu nutzen wie dann Ende des Jahrzehnts den Ausbau der Abendschulen oder die allmähliche Öffnung der Gymnasien für benachteiligte bzw. bisher bildungsfernere Schichten (Stichwort: Mobilisierung der Bildungsreserven).

Vatersehnsucht und -demontage
All diese Angebote und Herausforderungen sowie die eigenen Erfolge ließen in dieser Lebensphase der ca. 1933 bis 1945 geborenen vaterlosen Söhne einen konkreten Vater entbehrlich erscheinen. Der im Krieg gebliebene Vater war zwar immer wieder irgendwie präsent, und insgeheim mag sich mancher Betroffene gewünscht haben, von einem Vater für seinen Aufstieg auf der Karriereleiter gelobt zu werden, doch ließen die oft negativen Erfahrungen, die Gleichaltrige mit ihren Vätern machten, die Sehnsucht nach dem alltäglichen Vorhandensein des eigenen Vaters deutlich zurücktreten: Man schaffte es ja auch ohne Vater, im Leben zurechtzukommen, und der 1958 in der evangelischen Zeitschrift *Jungenwacht* abgedruckte Satz »Besser ein irrender Vater als gar kein Vater«[46] dürfte wohl nur von den allerwenigsten der vaterlosen Söhne unterschrieben worden sein!

Hinzu kamen die Debatten über die in diesen Jahren grundsätzlich als nicht besonders profiliert empfundene Vaterfunktion in der Gesellschaft (Stichwort: Vaterlose Gesellschaft) und Väterbilder, die nicht sonderlich nachahmenswert waren: auf die Spitze getrieben z. B. durch Vaterrollen, die der Komiker Heinz Ehrhardt in einigen seiner Filme darstellte. Auch die bösartige Demontage des damaligen Bundespräsidenten Heinrich Lübke nach seinem noch liebevoll »Papa Heuss« genannten Vorgänger und die blassen Vaterfiguren in frühen Fernsehserien wie *Familie Schölermann* belegen diesen Trend und erklären mit, warum Vaterlosigkeit von den Betroffenen lange Zeit kaum als gravierendes Defizit empfunden wurde.

Zweifellos beeinflussten neben solchen gesellschaftlichen Wertsetzungen die seit den späten 1940er Jahren öffentlich gehandelten Männerbilder die meisten der damals heranwachsenden jungen Männer, aber die Wirkungen dieser Bilder dürften bei den mit und den ohne Vater durchs Leben Gehenden recht unterschiedlich gewesen sein: Bei denen mit Vater mögen sie Korrektive zum konkreten Vatererlebnis dargestellt haben; bei den Vaterlosen füllten sie dagegen in jeweils individueller Ausformung eine Lücke aus, hatten eine viel grundsätzlichere Orientierungsbedeutung und hinterließen insofern Spuren im Lebenslauf, die sich bei manchen der Betroffenen als psychische Langzeitfolgen des Krieges bemerkbar machen.

Wie werden sie altern?
Hartmut Radebold

Setzt man den Eintritt in die Phase des jüngeren Alters mit dem 60. Lebensjahr an, so befinden sich die älteren Jahrgänge dieser damaligen Kinder und Jugendlichen (geboren zwischen 1930 und 1940) schon längst in dieser Phase, und die jüngeren Jahrgänge (ab 1941) treten gerade in diese Phase ein. Das Älterwerden führt häufiger zu einer Reaktivierung von Erfahrungen aus Kindheit und Jugendzeit, von denen man selbst annahm, dass man mit ihnen bisher gut zurechtgekommen sei.[47] Dazu zählen insbesondere mehrfache (sich dadurch kumulierende) und lang anhaltende belastende und in der Auswirkung traumatisierende Erfahrungen wie auch ungelöste pathologische Konflikte mit sich selbst, mit Eltern und Geschwistern. Warum werden diese gerade jetzt reaktiviert?

Entfallende Pflichten und größerer innerer Freiraum
Das Ausscheiden aus dem Arbeitsprozess sowie die nicht mehr notwendige Fürsorge/Verpflichtung gegenüber den oft schon verstorbenen eigenen Eltern und Schwiegereltern und ebenso gegenüber den inzwischen erwachsenen eigenen Kindern führt zu deutlich verringerten Beanspruchungen. Die jetzt vermehrt zur Verfügung stehende Freizeit bietet die Chance eines innerlichen wie äußerlichen größeren Freiraumes – auch zum Nachdenken und zur Selbstbesinnung. Das eigene Älterwerden mit dem Wissen um die nur noch begrenzt zur Verfügung stehende weitere Lebenszeit bringt die letzte Chance mit sich, jetzt noch liegen gebliebene, ungeklärte oder belastende Anteile der eigenen Biografie zu verstehen, zu bearbeiten und im günstigen Falle zu klären. Zusätzlich bringt der ablaufende physiologische Alterungsprozess die zunehmende Bedrohung mit sich, hilfsbedürftig und damit abhängiger zu werden, d.h. Versorgung zu

benötigen und Hilfsmittel benutzen zu müssen. Diese Situation kann dazu führen, dass erneut – wie anlässlich der schlimmen Erfahrungen in Kindheit und Jugendzeit – das Gefühl von völligem Ausgeliefertsein an eine nicht beeinflussbare Situation belebt wird.

Außerdem sind die damaligen Kinder und Jugendlichen bei ihrem Eintritt in ihre Alternsphasen durch weitere Hypotheken vorbelastet: Der oben erwähnte lebenslange ungeeignete Umgang mit dem eigenen Körper, dazu häufig in Verbindung mit einem entsprechenden Ideal- und Selbstbild, führte oft dazu, dass bestehende Krankheiten und nachfolgende Behinderungen nicht konsequent und optimal behandelt wurden. Daher wird auch jetzt weder auf den ablaufenden physiologischen Alterungsprozess und die sich daraus ergebenden Anforderungen noch auf die notwendige Körperpflege, die Anpassung auf sich einschränkende Leistungsfähigkeit und den notwendigen Wechsel von Aktivität und Ruhe sowie Entspannung adäquat reagiert.

Unterschiedliche Startchancen für den Eintritt ins Erwachsenenalter
Die beschriebenen unterschiedlichen Erfahrungen in Kindheit und Jugendzeit führen leider wiederum zu unterschiedlichen Startchancen für den Eintritt in das Erwachsenenalter. Sie lassen sich mit Hilfe einer Ergänzungsreihe verdeutlichen: Auf der einen Seite befindet sich der Sohn mit *nur* langfristig oder dauerhaft abwesendem Vater, jedoch insgesamt geschützt durch seine stabile Beziehung zur Mutter, eine vorhandene und heile Großfamilie sowie existente weitere brauchbare Männer. Auf der anderen Seite stehen die Söhne, die entweder allein oder mit der sofortigen Aufgabe, sich um ihre jüngeren Geschwister zu kümmern bei einer ängstlichen, chronisch deprimierten Mutter aufwuchsen. Eine größere Familie war nie oder nicht mehr vorhanden. Armut sowie Vertreibung stellten keine sichere materielle Situation noch eine Heimat zur Verfügung. Zwischen diesen beiden in großer Zahl anzutreffenden Lebensumständen bestehen im Einzelfall verschiedenartige Ausprägungen sowie Kombinationen.

Rückblickend ist zusätzlich wichtig, ob die Söhne mit ihren Müttern gemeinsam und bewusst trauernd von ihren gefallenen oder vermissten Vätern Abschied nehmen konnten, sowie ob sie in der Nachkriegszeit körperlich, aber auch psychisch gesund blieben. Oft standen die beschriebenen schützenden Faktoren in der Nachkriegszeit häufig so nicht zur Verfügung. Viele Söhne erinnern sich auch nicht an einen bewussten gemeinsamen trauernden Abschied.

Erlebte wirkliche Kindheit
Weiterhin ist entscheidend, in welche (prägungssensible) Phase von Kindheit und Jugendzeit sowohl die langfristige bzw. dauerhafte väterliche Abwesenheit als auch die weiteren beschädigenden Ereignisse (Ausbombung, Kinderlandverschickung, Flucht/ Vertreibung) fielen. Je später sich diese in der Kindheit (0–3 Jahre, 4–6 Jahre, 7–11 Jahre) oder in der Jugendzeit (11–14 Jahre oder 14–18 Jahre) ereigneten, desto höher ist die Wahrscheinlichkeit und damit die Entwicklungschance, dass die Söhne noch eine wirkliche Kindheit erlebten. Wirkliche Kindheit heißt hier: aufgewachsen in einer sicheren Heimat; beschützt und gefördert durch Mutter und Vater; Spiel, Spaß, Abenteuer, Freiräume sowie Ferien – selbst wenn damals schon früh die Mitarbeit der Söhne eingefordert wurde.

Diese Erfahrungen und die damit verbundenen Erinnerungen stellen ein entscheidendes Kapital für die Phasen des Alterns dar, da sie in der Regel Phantasien und Tagträume, spielerische, musische, kreative und handwerkliche Erfahrungen wie auch – zumindest teilweise – Zugang zu Büchern beinhalten. Diese Erinnerungen und Erfahrungen konnten schon lebenslang für die Freizeit genutzt oder können jetzt spätestens für das eigene Altern wieder belebt werden. Umgekehrt stehen derartige wichtige Kindheitserfahrungen und Erinnerungen kaum zur Verfügung, wenn die Kindheit durch den Krieg früh beendet wurde oder sogar aufgrund des Krieges und der Nachkriegssituation überhaupt nicht stattfand.

Förderung oder Belastung?
Auch das jüngere und mittlere Lebensalter brachte fördernde, aber auch belastende Einflüsse mit sich. Gab es noch spätere Förderung und Anerkennung z. B. durch (väterliche) Vorgesetzte? Bestanden befriedigende, dazu langfristige und wenigstens jetzt

Sicherheit gebende Partnerbeziehungen? Konnte man sich wenigstens jetzt selbst – wenn auch spät – eine neue Heimat schaffen? Oder gab es sich ständig wiederholende Bindungs- und Beziehungsstörungen, eine insgesamt unbefriedigende und frustrierende Berufstätigkeit, ständigen Ortswechsel und dazu noch schwere oder chronische Erkrankungen?

Das Kind im Mann
Damit stellt sich die Frage, wie viel »Kind im Mann« oder »Junge im Mann« und dazu in welcher Form vorhanden ist. Der Schriftsteller Peter Härtling hat vor kurzem dieses Kind in sich beschrieben: »Ich will, es ist Zeit, von dem Kind in mir sprechen (...), das in mir wuchs, verkümmerte, beinahe verschwand und sich nun wieder regt, das mich einnimmt, mit dem und aus dem ich lebe (...) dieses Kind in mir bedarf auch meines Schutzes. Es erzählt, ungleich genauer, als ich es könnte, meine Geschichte (...) Das Kind in mir – die Lebensalter haben es nicht nur verändert. Ich habe es vergessen, nicht wahrhaben wollen und ich habe es wieder entdeckt, seine Emotionen, Erwartungen, Bewegungen. Mit zwanzig war ich dem Kind am entferntesten. Ich erinnerte mich aus heiterer und belustigter Distanz. Mit dreißig wuchs die Melancholie, und ich rief mir das Kind, wenn auch zögernd, wach. Mit vierzig konnte ich es beschreiben, nicht immer ohne Verwunderung und Erschrecken. Aber da gab es schon die eigenen Kinder, und in Gedanken begann ich zu vergleichen, allerdings redete die Zeit hinein, die gemeinsame Zeit und die Vergangenheit des Kindes in mir wurde für meine Kinder zu einer weit zurückliegenden Geschichte, auf Fotos sichtbar, ungeglaubt: das bist du wirklich gewesen? (...) Mit fünfzig begann meine Erinnerung deutlicher zu werden. Die Verwunderung und die Verluste von einst bekamen ihre Stimme, eine Kinderstimme, meine. In *Nachgetragene Liebe* habe ich das kindliche Ich aufgerufen, und es gewann im Erzählen an Kontur und zwischen den Erfahrungen des Kindes und denen des Erwachsenen gab es unversehens elektrisierende Berührungen. Sie nahmen zu. Manchmal, selten, gelang es mir nicht mehr, die Stimmen auseinander zu halten. Inzwischen, mit sechzig, lege ich auch keinen Wert mehr darauf. Die Ungeschütztheit des 12-Jährigen, seine Wut, anzufangen gegen die verkommenen

Ideen und Vorstellungen der Erwachsenen, seine Unrast und unbändige Neugier ergreifen mich, und ich lerne Empfindungen wieder (...) Das Kind in mir: Ich und es sind unvergleichbar und eines. Es fürchtet sich vor Bomben, vor feindlichen Soldaten, davor, dass Vater oder Mutter es verlassen oder sterben werden, es lernt klauen, heucheln, misstrauen und hoffen. Es fürchtet sich vor dem Tod. Ich hingegen erinnere mich an den Krieg, indem ich mich an das Kind erinnere. Ich denke an Vater und Mutter noch immer mit dem Gedanken des Kindes, und beginne mich, die Furcht des Kindes überwindend, auf mein Ende vorzubereiten.«[48]

Der Schriftsteller Peter Härtling erlebt sich inzwischen als alt und müde. Wie von ihm selbst mit diesem Text beschrieben, hat er seine damaligen schlimmen Erfahrungen (in seinem 13. Lebensjahr endgültiger Verlust des Vaters nach längerer Internierung, Suizid der Mutter nach mehrfachen Vergewaltigungen in seinem 14. Lebensjahr sowie Verlust der Heimat) nie verwunden. Seine Familie und seine Kinder, seine zahlreichen Bücher und die große Anerkennung reichten – rückblickend – offenbar nicht aus, diese damaligen Beschädigungen allmählich auszugleichen.[49]

Auch eine erworbene psychotherapeutische Kompetenz hilft nicht, die eigenen Verletzungen früh zu verstehen, sich mit ihnen auseinander zu setzen und sie im günstigen Falle abzumildern. Der Schriftsteller und Psychoanalytiker Wolfgang Schmidbauer beschreibt in *Eine Kindheit in Niederbayern*[50] seine glückliche, abenteuerliche und somit wirkliche Kindheit: geschützt, gefördert, aber auch gefordert durch die beiden Großväter. Der gefallene Vater erscheint in diesem Text als ein Phantom, das nicht vermisst wurde (auffallend ist allerdings für den psychoanalytisch geschulten Leser, wie der Autor seine Erinnerungsstücke an den Vater eifersüchtig gegen die Umwelt und den jüngeren Bruder verteidigt und stolz auf ihren Besitz ist!). Elf Jahre später, jetzt 57 Jahre alt, beschreibt er in *Ich wusste nie, was mit Vater ist*[51], wie ihm erst jetzt bewusst wurde, dass er bei seinen Patienten (oft Söhne von gefallenen Vätern) die Probleme und Schwierigkeiten behandelte, die er selbst hatte. Jetzt erst begreift er, was der Verlust bedeutete.[52]

Prognostische Einschätzung
Die äußere Lebenssituation der derzeitigen jüngeren Senioren ist im Vergleich zu der Zeit vor 1970 und insbesondere zu der während und zwischen den beiden Weltkriegen und in der direkten Nachkriegszeit als einmalig gut anzusehen. Diese Aussage bezieht sich auf finanzielle Ausstattung, Wohn- und Lebensformen sowie gesundheitliche Versorgung – sogar die lang bestehende weibliche Altersarmut hat sich verringert. Leider muss vermutet werden, dass die dargestellten, bis heute anhaltenden Folgen einer solchen Kriegskindheit auffallend unterschiedliche Startchancen für den Eintritt in die Phasen des höheren und hohen Erwachsenenalters mit sich bringen. Sie lassen sich wiederum mit Hilfe einer Ergänzungsreihe verdeutlichen.

Auf der einen Seite befinden sich die Männer, die lebenslang funktionierten, ihre Identität mit Hilfe ihres Berufes fanden und sich über ihre beruflichen Pflichten/Aktivitäten stabilisierten und aufgrund ihres Körper- und Selbstbildes wenig Rücksicht auf sich nahmen. Langfristige Bindungen an ihre Mütter führten oft zu unbefriedigenden Partnerbeziehungen und nur zu wenigen privaten Bindungen. Diese Männer werden weiter funktionieren, sich jetzt außerberuflich und dazu rastlos engagieren. Zusätzlich stützen sie sich auf die Phantasie »akut an einem Herzinfarkt zu versterben«. Ihr »Kind im Mann« beunruhigt und erschreckt sie oder es blieb ihnen lebenslang unbekannt.

Auf der anderen Seite gibt es die Männer, denen allmählich bewusst wurde, dass sie nicht mehr im bisherigen Umfang funktionieren müssen. Sie bemühten sich in einem langen Prozess um stabile Partnerbeziehungen und sie können das »Kind im Mann« sowohl bezüglich der beunruhigenden und beängstigenden Aspekte als auch bezüglich der kreativen, phantasiereichen und abenteuerlichen Seiten akzeptieren. Trotz vorhandener psychischer Müdigkeit fürchten sie sich nicht mehr so sehr vor dem eigenen Älterwerden. Für all diese Männer bringt das Älterwerden wiederum vielfältige Entwicklungsaufgaben mit sich, so die Suche nach eigenen Interessen und wieder belebbaren Fähigkeiten, die bewusst zu gestaltende Veränderung der intragenerationellen Beziehungen (zur Partnerin, zu Geschwistern, zu Freundinnen/Freunden) wie auch der inter-generationellen

Beziehungen (zu den jetzt erwachsenen Kindern, zu anderen Jüngeren) wie auch die spätestens jetzt notwendige Rücksichtnahme auf den Körper (Vorsorgeuntersuchungen, systematische Behandlung vorhandener Krankheiten/Akzeptanz von Rehabilitationsmaßnahmen, Körperpflege etc.).[53] Um diese Entwicklungsaufgaben bewusst und gezielt anzugehen, bedarf es längerer Zeit. Ist man sich dieser Aufgaben bewusst und nimmt man sich dafür die Zeit? Bestimmt können ihnen dabei ihre erworbenen Kompetenzen und Fähigkeiten helfen, wenn sie dafür gezielt eingesetzt werden.

Hilfsmöglichkeiten
Aufgrund aller vorliegenden Erfahrungen[54] profitieren selbstverständlich auch über 60-Jährige von einer psychotherapeutischen Hilfestellung: Sie ist möglich, sinnvoll und langfristig erfolgreich. Diese Aussage gilt auch für kriegsbeschädigte Kinder und Jugendliche dieser Altersjahrgänge.[55] Manchmal reicht auch die Teilnahme an einer diesbezüglichen Gesprächsgruppe oder Selbsterfahrungsgruppe aus, die zur Zeit von Betroffenen in mehreren Großstädten gegründet wurden oder werden.

Wenn man sich bewusst wird, dass man eine Geschichte hat und – im doppelten Sinne des Wortes – eine Geschichte verkörpert, dann muss man sich spätestens jetzt auf den Weg machen – selbst wenn er immer noch schmerzlich und mühselig ist!

Anhang

Anmerkungen

1 Pamuk, Orhan: Mein Vater. In: *Süddeutsche Zeitung* 5./6. April 2003.
2 Zeller, Michael: Die Reise nach Samosch. Cadolzburg 2003.
3 Camus, Albert: Der erste Mensch. Hamburg 1995, S. 26–29.
4 Härtling, Peter: Nachgetragene Liebe. Hamburg 1980, S. 7.
5 Ebd., S. 168.
6 Henkel, Hans Olaf: Die Macht der Freiheit. Erinnerungen. München 2000, S. 9–11.
7 »Deutsche Jungenschaft vom 1.11.1929«; gegründet von *tusk* (Eberhard Koebel), wichtige Gruppierung der Jugendbewegung vor der NS-Zeit.
8 Adorno, Theodor W.: Eingriffe. Frankfurt 1963.
9 Schricker, Otto: Die Geschichte des Heldensohns. Unveröffentlicht.
10 Niethammer, Lutz: Ego-Histoire? Und andere Erinnerungsversuche. Wien, Köln, Weimar 2002, S. 185–187.
11 aus: Kerbs, Diethart: Eine Kosakengeschichte. In: Meino Naumann (Hrsg.): Aber am Abend laden wir uns ein. Ein Mosaik für Wolfgang Hempel zum siebzigsten Geburtstag. Potsdam 2001, S. 167–170.
12 Vgl. Dörr, Margarete: »Wer die Zeit nicht miterlebt hat ...«. Frauenerfahrungen im Zweiten Weltkrieg und in den Jahren danach. Bd. 1–3. Frankfurt 1998; Friedrich, Jörg: Der Brand – Deutschland im Bombenkrieg 1940–1945. München 2002; Overmanns, Rüdiger: Deutsche militärische Verluste im Zweiten Weltkrieg. München 1999.
13 Vgl. Grundmann, Matthias: Familienstruktur und Lebensverlauf. Historische und gesellschaftliche Bedingungen individueller Entwicklung. Frankfurt 1992.
14 Vgl. Franz, Matthias et.al.: Wenn der Vater fehlt. Epidemiologische Befunde zur Bedeutung früher Abwesenheit des Vaters für die psychische Gesundheit im späteren Leben. *Zeitschrift für Psychosomatische Medizin und Psychoanalyse* 1999, Heft 45, S. 260–278.

15 Vgl. Frey, Corinna; Schmitt, Marina: Kindheitsbelastungen und psychische Störungen im Erwachsenenalter. In: Radebold, Hartmut (Hrsg.): Kindheit im Zweiten Weltkrieg und ihre Folgen. *psychosozial* 2003, Heft 26, S. 33–38.
16 Vgl. ebd.
17 Vgl. Driesch, Georg; Schneider Gudrun; Heuft, Gereon; Kruse, Andreas; Nehen, Hans-Georg: Auswirkungen belastender und fördernder biografischer Erfahrungen auf die aktuelle psychogene Beeinträchtigung Älterer. In: ebd., S. 17–22.
18 Vgl. ebd., S. 1–104.
19 Vgl. Franz, Matthias et.al.: a.a.O.
20 Vgl. Radebold, Hartmut: Abwesende Väter. Folgen der Kriegskindheit in Psychoanalysen. Göttingen 2000.
21 Vgl. Teegen, Frauke; Meister, Verena: Traumatische Erfahrungen deutscher Flüchtlinge am Ende des Zweiten Weltkrieges und heutige Belastungsstörungen. *Zeitschrift für Gerontopsychologie und -psychiatrie* 2000, Heft 13, S. 112–124.
22 Vgl. Brähler, Elmar; Decker, Oliver; Radebold, Hartmut: Beeinträchtigte Kindheit und Jugendzeit im Zweiten Weltkrieg. In: Radebold, Hartmut (Hrsg.): a.a.O., S. 51–60.
23 Vgl. z.B. Greb, Tillmann; Pilz, Ursula; Lamparter, Ulrich: Das Erleben von Krieg, Heimatverlust und Flucht in Kindheit und Jugend bei einem Kollektiv bypassoperierter Herzinfarktpatienten. In: Radebold, Hartmut (Hrsg.): a.a.O., S. 39–44.
24 Petri, Horst: Guter Vater – Böser Vater. Psychologie der männlichen Identität. Bern 1997, S. 112.
25 Vgl. z.B. Domansky, Elisabeth; de Jong, Jutta: Der lange Schatten des Krieges. Deutsche Lebens-Geschichten nach 1945. Münster 2000.; vgl. auch Dörr, Margarete: a.a.O.
26 Vgl. Radebold, Hartmut: Abwesende Väter. A.a.O.; vgl. Radebold, Hartmut (Hrsg.): Kindheit im Zweiten Weltkrieg und ihre Folgen. A.a.O., S. 1–104.
27 Vgl. Hagen, Wilhelm; Thomae, Hans: 10 Jahre Deutsche Nachkriegskinder. München 1962.
28 Vgl. Coerper, Caspar; Hagen, Wilhelm; Thomae, Hans: Deutsche Nachkriegskinder. Stuttgart 1964.
29 Key, Ellen: Das Jahrhundert des Kindes. Königstein/Ts. 1978, S. 5.
30 Albrecht, Franz: Ratgeber für den guten Ton. Berlin o.J. (vermutl. 1910), S. 27f.
31 Ebd., S. 82.
32 Federn, Paul: Zur Psychologie der Revolution. Die vaterlose Gesellschaft. In: *Der österreichische Volkswirt* 1919, 11. Jg., S. 597.

33 Strasser, Gregor: Macht Platz, ihr Alten! In: ders.: Kampf um Deutschland. Reden und Aufsätze eines Nationalsozialisten. München 1932, S. 171.
34 Suhrkamp, Peter: Söhne ohne Väter und Lehrer. In: *Neue Rundschau* 1932, Heft 43, S. 683.
35 Rauch, Karl: Schluss mit »junger Generation«. Leipzig 1933, S. 19.
36 *Jungenwacht*. Evangelische Schülerzeitschrift. Wuppertal-Barmen 1958, Heft Mai, S. 7.
37 Mitscherlich, Alexander: Auf dem Weg zur vaterlosen Gesellschaft. München 1963, S. 177.
38 Ebd., S. 340.
39 Marquard, Odo: Abschied vom Prinzipiellen. Philosophische Studien. Stuttgart 1982, S. 10.
40 Matussek, Matthias: Die vaterlose Gesellschaft. Reinbek 1998, S. 15.
41 Vgl. ebd., S. 12.
42 Clauß, Karl: Mutter und Sohn. Vom Werdegang vaterloser Halbwaisen. Langensalza 1931, S. 48.
43 Ebd., S. 60.
44 Programm und Einladung der vom 26.–28. Februar 1954 von der Evangelischen Akademie von Kurhessen-Waldeck in Hofgeismar durchgeführten Tagung »Die Familie ohne Vater«, S. 2.
45 *Durch die weite Welt,* Bd. 16, Stuttgart 1938.
46 *Jungenwacht*, a.a.O., S. 9.
47 Vgl. Heuft, Gereon; Kruse, Andreas; Radebold, Hartmut: Lehrbuch der Gerontopsychosomatik und Alterspsychotherapie. München 2000.
48 Härtling, Peter: Reden und Essays zur Kinderliteratur. Weinheim 2003, S. 102–107.
49 Vgl. ebenso zu den Folgen die Biografien in: Lorenz, Hilke: Kriegskinder. Das Schicksal einer Nation. München 2003.
50 Vgl. Schmidbauer, Wolfgang: Eine Kindheit in Niederbayern. Hamburg 1987.
51 Vgl. Schmidbauer, Wolfgang: Ich wusste nie, was mit Vater ist. Das Trauma des Krieges. Reinbek 1998.
52 Vgl. auch meine eigene Biografie (H. Radebold) und der nachgeholte Trauerprozess mit über 60 Jahren. In: Radebold, Hartmut: Abwesende Väter. A.a.O.
53 Vgl. Radebold, Hartmut: Psychodynamik und Psychotherapie Älterer. Heidelberg 1992.
54 Vgl. Heuft, Gereon et.al.: a.a.O.
55 Vgl. Radebold, Hartmut: Abwesende Väter. A.a.O.

Literatur

Verwendete Literatur

Adorno, Theodor W.: Eingriffe. Frankfurt 1963.

Albrecht, Franz: Der Ratgeber für den guten Ton in jeder Lebenslage. Berlin o. J. (etwa 1910).

Bode, Michael; Wolf, Christian: Still-Leben mit Vater. Zur Abwesenheit von Vätern in der Familie. Reinbek 1995.

Brähler, Elmar; Decker, Oliver; Radebold, Hartmut: Beeinträchtigte Kindheit und Jugendzeit im Zweiten Weltkrieg. In: Radebold, Hartmut (Hrsg.): Kindheit im Zweiten Weltkrieg und ihre Folgen. *psychosozial* 2003, Heft 92, S. 51–60.

Camus, Albert: Der erste Mensch. Hamburg 1955.

Clauß, Karl: Mutter und Sohn. Vom Werdegang vaterloser Halbwaisen. Langensalza 1931.

Coerper, Caspar; Hagen, Wilhelm; Thomae, Hans: Deutsche Nachkriegskinder. Stuttgart 1964.

Dörr, Margarete: »Wer die Zeit nicht miterlebt hat ...«. Frauenerfahrungen im Zweiten Weltkrieg und in den Jahren danach. Bd. 1–3. Frankfurt am Main 1998.

Domansky, Elisabeth; de Jong, Jutta: Der lange Schatten des Krieges. Deutsche Lebens-Geschichten nach 1945. Münster 2000.

Driesch, Georg; Schneider, Gudrun; Heuft, Gereon; Kruse, Andreas; Nehen, Hans-Georg: Auswirkungen belastender und fördernder biografischer Erfahrungen auf die aktuelle psychogene Beeinträchtigung Älterer. In: Radebold, Hartmut (Hrsg.): Kindheit im Zweiten Weltkrieg und ihre Folgen. *psychosozial* 2003, Heft 92, S. 17–22.

Federn, Paul: Zur Psychologie der Revolution. Die vaterlose Gesellschaft. In: *Der österreichische Volkswirt* 1919, 11. Jg., 1919, S. 571–575, S. 595–598.

Franz, Matthias; Lieberz, Klaus; Schmitz, Norbert; Schepnak, Heinz: Wenn der Vater fehlt. Epidemiologische Befunde zur Bedeutung früher Abwesenheit des Vaters für die psychische Gesundheit im späteren Leben. *Zeitschrift für Psychosomatische Medizin und Psychoanalyse* 1999, Heft 45, S. 260–278.

Frey, Corinna; Schmitt, Marina: Kindheitsbelastungen und psychische Störungen im Erwachsenenalter. In: Radebold, Hartmut (Hrsg.): Kindheit im Zweiten Weltkrieg und ihre Folgen. *psychosozial* 2003, Heft 92, S. 33–38.

Friedrich, Jörg: Der Brand. Deutschland im Bombenkrieg 1940–1945. München 2002.

Greb, Tillmann; Pilz, Ursula; Lamparter, Ulrich: Das Erleben von Krieg, Heimatverlust und Flucht in Kindheit und Jugend bei einem Kollektiv bypassoperierter Herzinfarktpatienten. In: Radebold, Hartmut (Hrsg.): Kindheit im Zweiten Weltkrieg und ihre Folgen. *psychosozial* 2003, Heft 92, S. 39–44.

Grundmann, Matthias: Familienstruktur und Lebensverlauf. Historische und gesellschaftliche Bedingungen individueller Entwicklung. Frankfurt 1992.

Härtling, Peter: Nachgetragene Liebe. Hamburg 1980.

Härtling, Peter: Reden und Essays zur Kinderliteratur. Weinheim 2003.

Hagen, Wilhelm; Thomae, Hans: 10 Jahre Deutsche Nachkriegskinder. München 1962.

Henkel, Hans Olaf: Die Macht der Freiheit. Erinnerungen. München 2000.

Heuft, Gereon; Kruse, Andreas; Radebold, Hartmut: Lehrbuch der Gerontopsychosomatik und Alterspsychotherapie. München 2000.

Jungenwacht. Evangelische Schülerzeitschrift. Wuppertal-Barmen 1958.

Key, Ellen: Das Jahrhundert des Kindes. Königstein/Ts. 1978.

Lorenz, Hilke: Kriegskinder. Das Schicksal einer Nation. München 2003.

Marquard, Odo: Abschied vom Prinzipiellen. Philosophische Studien. Stuttgart 1982.

Matussek, Matthias: Die vaterlose Gesellschaft. Überfällige Anmerkungen zum Geschlechterkampf. Reinbek 1998.

Mitscherlich, Alexander: Auf dem Weg zur vaterlosen Gesellschaft. Ideen zur Sozialpsychologie. München 1963.

Niethammer, Lutz: Ego-Histoire? Und andere Erinnerungsversuche. Wien, Köln, Weimar 2002.

Overmanns, Rüdiger: Deutsche militärische Verluste im Zweiten Weltkrieg. München 1999.

Pamuk, Orhan: Mein Vater. In: *Süddeutsche Zeitung 5./6. April 2003.*

Petri, Horst: Guter Vater – Böser Vater. Psychologie der männlichen Identität. Bern, München, Wien 1997.

Radebold, Hartmut: Psychodynamik und Psychotherapie Älterer. Heidelberg 1992.

Radebold, Hartmut: Abwesende Väter. Folgen der Kriegskindheit in Psychoanalysen. Göttingen 2000.

Radebold, Hartmut (Hrsg.): Kindheit im Zweiten Weltkrieg und ihre Folgen. *psychosozial* 2003, Heft 92.

Rauch, Karl: Schluss mit »junger Generation«. Leipzig 1933.

Schmidbauer, Wolfgang: Eine Kindheit in Niederbayern. Hamburg 1987.

Schmidbauer, Wolfgang: Ich wusste nie, was mit Vater ist. Das Trauma des Krieges. Reinbek 1998.

Strasser, Gregor: Macht Platz, ihr Alten! In: ders.: Kampf um Deutschland. Reden und Aufsätze eines Nationalsozialisten. München 1932, S. 171–174.

Suhrkamp, Peter: Söhne ohne Väter und Lehrer. In: *Neue Rundschau* 1932, Heft 43, S. 681–696.

Teegen, Frauke; Meister, Verena: Traumatische Erfahrungen deutscher Flüchtlinge am Ende des II. Weltkrieges und heutige Belastungsstörungen. *Zeitschrift für Gerontopsychologie und -psychiatrie* 2000, Heft 13, S. 112–124.

Zeller, Michael: Die Reise nach Samosch. Cadolzburg 2003.

Leseempfehlungen

Amendt, Gerhard: Vatersehnsucht. Annäherungen in elf Essays. Bremen 1999.

Le Camus, Jean: Die Bedeutung des Vaters für die psychische Entwicklung des Kindes. Weinheim 2001.

Corneau, Guy: Abwesende Väter – Verlorene Söhne. Die Suche nach der männlichen Identität. Solothurn/Düsseldorf 1993.

Doerry, Martin: Übergangsmenschen. Die Mentalität der Wilhelminer und die Krise des Kaiserreichs. Weinheim, München 1986.

Drvenkar, Zoran: Touch the flame (Roman, auch für Jugendliche). Hamburg 2001.

Gauch, Siegfried: Vaterspuren. Frankfurt 1997.

Knibiehler, Yvonne: Geschichte der Väter. Eine kultur- und sozialhistorische Spurensuche. Freiburg, Basel, Wien 1996.

Koebner, Thomas: »Der riesige Mann, mein Vater, die letzte Instanz«. Familiendrama und Generationskonflikt in der deutschen Literatur zwischen 1890 und 1920. In: Koebener, Thomas; Janz, Peter; Trommer, Frank (Hrsg.): »Mit uns zieht die neue Zeit«. Der Mythos Jugend. Frankfurt am Main 1985, S. 500–518.

Küenzlen, Gottfried: Der neue Mensch. Eine Untersuchung zur säkularen Religionsgeschichte der Moderne. 2. Aufl., München 1994.

Laxness, Halldor: Weltlicht. Frankfurt am Main 1955.

Petri, Horst: Das Drama der Vaterentbehrung. Chaos der Gefühle – Kräfte der Heilung. Freiburg i. Br. 1999.

Pfeil, Elisabeth: Die Familie im Gefüge der Großstadt. Hamburg 1965.

Prümm, Karl: Jugend ohne Väter. Zu den autobiographischen Jugendromanen der späten zwanziger Jahre. In: Koebener, Thomas; Janz, Peter; Trommer, Frank (Hrsg.): »Mit uns zieht die neue Zeit«. Der Mythos Jugend. Frankfurt am Main 1985, S. 563–589.

Radebold, Hartmut: Kriegsbeschädigte Kindheiten: Die Geburtsjahrgänge 1930–32 bis 1945–48. In: Radebold, Hartmut (Hrsg.): Kindheit im Zweiten Weltkrieg und ihre Folgen. *psychosozial* 2003, Heft 92, S. 9–16.

Radebold, Hartmut: Resümee und Perspektiven. In: Radebold, Hartmut (Hrsg.): Kindheit im Zweiten Weltkrieg und ihre Folgen. *psychosozial* 2003, Heft 92, S. 99–104.

Radebold, Hartmut; Schweizer, Ruth: Der mühselige Aufbruch. Eine Psychoanalyse im Alter. 2. Aufl. Frankfurt am Main 2001.

Reulecke, Jürgen: Neuer Mensch und neue Männlichkeit. Die »junge Generation« im ersten Drittel des 20. Jahrhunderts. In: Jahrbuch des Historischen Kollegs. München 2002, S.109–138.

Reulecke, Jürgen: »Ich möchte einer werden so wie die ...«. Männerbünde im 20. Jahrhundert. Frankfurt, New York 2001.

Schelsky, Helmut: Wandlungen der deutschen Familie in der Gegenwart. Stuttgart 1953.

Scheuer, G. von: Einer ohne Vater. Berlin, Wien, Leipzig 1943.

Schlesinger-Kipp, Gertraud: Psychoanalytische Behandlung von Kriegs-»Kindern«. In: Radebold, Hartmut (Hrsg.): Kindheit im Zweiten Weltkrieg und ihre Folgen. *psychosozial* 2003, Heft 92, S. 23–32.

Schon, Lothar: Sehnsucht nach dem Vater. Die Dynamik der Vater-Sohn-Beziehung. Stuttgart 2000.

Schulz, Hermann: Zurück nach Kilimatinde (Roman, auch für Jugendliche). Hamburg 2003.

Schulz, Hermann: Sonnennebel (Roman, auch für Jugendliche). Hamburg 2000.

Seidler, Christoph: Lange Schatten. Die Kinder der Kriegskinder kommen in die Psychoanalyse. In: Radebold, Hartmut (Hrsg.): Kindheit im Zweiten Weltkrieg und ihre Folgen. *psychosozial* 2003, Heft 92, S. 73–80.

Soerensen-Cassier, Dagmar: Transgenerationelle Prozesse von NS-Traumatisierungen. In: Radebold, Hartmut (Hrsg.): Kindheit im Zweiten Weltkrieg und ihre Folgen. *psychosozial* 2003, Heft 92, S. 61–66.

Stambolis, Barbara: Mythos Jugend – Leitbild und Krisensymptom. Ein Aspekt der politischen Kultur im 20. Jahrhundert. Schwalbach/Ts. 2003.

Willenbacher, Barbara: Zerrüttung und Bewährung der Nachkriegs-Familie. In: Broszat, Martin; Henke, Klaus-Dietmar; Woller, Hans (Hrsg.):Von Stalingrad zur Währungsreform. Zur Sozialgeschichte des Umbruchs in Deutschland. München 1990, S. 595–618.

Die Gesprächspartner

Dirk Blasius, Essen, Jahrgang 1941, Hochschullehrer (Geschichte)
Peter Dehmel, Alsbach, Jahrgang 1930, Pädagoge, Bildungsplaner
Wolfgang Deimel, Olsberg, Jahrgang 1939, Polier
Walter Gerschler, Essen, Jahrgang 1936, Oberstudiendirektor
Peter Härtling, Mörfelden-Walldorf, Jahrgang 1933, Schriftsteller
Wolfgang Hempel, Gaggenau, Jahrgang 1931, Archivar i.R./Journalist
Rainer John, Düsseldorf, Jahrgang 1943, Rektor
Diethart Kerbs, Berlin, Jahrgang 1937, Hochschullehrer für Kunsterziehung
Gernot Lieck, Berlin, Jahrgang 1938, Diplom-Ingenieur
Johann Meseth, Offenbach, Jahrgang 1938, Physiker
Lutz Niethammer, Jena, Jahrgang 1939, Hochschullehrer (Geschichte)
Günter Oesterle, Gießen, Jahrgang 1941, Hochschullehrer (Germanistik)
Hartmut Radebold, Kassel, Jahrgang 1935, Hochschullehrer (Arzt/Psychoanalytiker)
Jürgen Reulecke, Essen/Siegen, Jahrgang 1940, Hochschullehrer (Geschichte)
Heinz-Günther Risse, Bielefeld, Jahrgang 1936, Pfarrer i.R.
Helmut Schlotmann, Hemer, Jahrgang 1937, Dipl.-Verwaltungswirt
Ernst Schmidt, Ihrhove, Jahrgang 1934, Sonderschulrektor
Otto Schricker, Regensburg, Jahrgang 1934, gestorben 2003, Stadtjugendreferent
Henning Schüler, Hilchenbach, Jahrgang 1945, Akademischer Direktor
Johannes Thiele, Korschenbroich, Jahrgang 1935, Fachlehrer
Volkmar Wittmütz, Velbert, Jahrgang 1940, Hochschullehrer (Geschichte)

Anonym
Damian, Jahrgang 1941, Hochschullehrer (Geschichte)
Ernst, Jahrgang 1935, Ingenieur
FRH, Jahrgang 1943, Hochschullehrer (Romanische Philologie)
Friedrich, Jahrgang 1937, Hochschullehrer (Soziologie)
Fritz, Jahrgang 1939, Hochschullehrer (Geschichte)
Dirk Haberstet, Jahrgang 1937, Hochschullehrer (Kunst)
Arnold Herwig, Jahrgang 1945, Hochschullehrer (Soziologie)
Jürgen, Jahrgang 1942, Diplom-Ingenieur
Karl-Heinz, Jahrgang 1938, Schriftsteller
Martin, Jahrgang 1937, Hochschullehrer (Bevölkerungswissenschaft)

Norbert, Jahrgang 1938, Hochschullehrer (Erziehungswissenschaft, Psychologie, Sport)
Reinhard, Jahrgang 1938, Lehrer
Siegfried, Jahrgang 1942, Hochschullehrer (Theologie)
Siegmund, Jahrgang 1942, Oberstudienrat a. D.
Valentin, Jahrgang 1939, Lehrer
Victor, Jahrgang 1945, Verleger
WKB, Jahrgang 1941, Hochschullehrer (Geschichte)
Wolfgang, Jahrgang 1939, Betriebswirt
Zoran, Jahrgang 1936, Augenarzt

Danksagung

Die Autoren danken den Gesprächspartnern für die vertrauensvolle Zusammenarbeit; ebenso aber auch ihren Angehörigen, die das Kapitel *Frauen und Kinder der Männer ohne Väter* beigetragen haben.

Bei den Arbeiten an diesem Buch war die Lektüre von *Der lange Schatten des Krieges* von Elisabeth Domansky und Jutta de Jong hilfreich, ebenso die Gespräche mit Martin Goldstein, Shapur Homayun und den Mitgliedern der Forschungsgruppe »Kindheiten und Jugend im Zweiten Weltkrieg und in der direkten Nachkriegszeit« (W2K. – www.w2k.de). Dank gebührt auch Jürgen Haas von der »Männerarbeit im Institut für Kirche und Gesellschaft der Evangelischen Kirche von Westfalen« für die jahrelange Kooperation; Heike Olbrich für das sorgfältige und kreative Lektorat sowie dem Verleger Christoph Links.

Die Autoren

HERMANN SCHULZ
Geboren 1938 in Ostafrika, lebt in Wuppertal. Gelernter Buchhändler, leitete von 1967 bis 2001 den Peter Hammer Verlag. Für sein Engagement für die Literaturen der südlichen Kontinente erhielt er 2000 die Hermann-Kesten-Medaille des P.E.N.-Zentrums Deutschland. Nach mehreren Sachbüchern erschienen seit 1998 insgesamt acht, vielfach ausgezeichnete und in mehrere Sprachen übersetzte Romane, darunter *Auf dem Strom*. 1998; *Sonnennebel*. 2000; *Flucht durch den Winter*. 2002; *Zurück nach Kilimatinde*. 2003, alle Hamburg.

HARTMUT RADEBOLD
Geboren 1935 in Berlin; Studium der Humanmedizin; Facharzt für Psychiatrie, Neurologie, Psychoanalyse und Psychotherapeutische Medizin, 1976 bis 1997 Professor für Klinische Psychologie an der Universität Kassel. Veröffentlichungen zur Psychotherapie, Psychodynamik, Psychoanalyse, Entwicklungspsychologie, über 60-Jähriger und zur Geriatrischen Rehabilitation sowie Gerontopsychiatrischen Versorgung. Seit 1985 Forschungen zu den psychischen und psychosozialen Folgen von Kindheiten im Zweiten Weltkrieg, dazu Veröffentlichungen: *Abwesende Väter – Folgen der Kriegskindheit in Psychoanalysen*. Göttingen 2004; Hrsg. des Bd. 92/2003 der Zeitschrift *psychosozial* mit dem Schwerpunkt *Kindheit im Zweiten Weltkrieg und ihre Folgen*. Gießen.

JÜRGEN REULECKE
Geboren 1940 in Düsseldorf, Studium der Geschichte, Germanistik und Philosophie, Professor für Zeitgeschichte an der Universität Gießen. Zahlreiche Veröffentlichungen zur Sozialgeschichte des Alltags im 19. und 20. Jahrhundert, zur Geschichte der Arbeiterbewegung an Rhein und Ruhr sowie zur Jugend- und Generationengeschichte. Neuere Veröffentlichungen: *Handbuch der deutschen Reformbewegungen* (gemeinsam mit Diethart Kerbs). Wuppertal 1998. – »*Ich möchte einer werden so wie die ...*«. *Männerbünde im 20. Jahrhundert*. Frankfurt/New York 2001; *Generationalität und Lebensgeschichte im 20. Jahrhundert*. (Hg.) München 2003.